FRENCH GCSE REVISION

SELF, FAMILY & FRIENDS

LEISURE & DAILY ACTIVITIES

THE LANGUAGE GYM

5. Multiple-choice quiz (general recap)

	A	B	C
La nourriture	pastime	food	school subject
Les cheveux	eyes	hair	friends
Les yeux	hair	clothes	eyes
Beau	fat	lazy	good-looking
Ouvert d'esprit	open-minded	strong	fair
Jouer	to read	to play	to watch
Lire	to speak	to read	to swim
Le coiffeur	plumber	hairdresser	doctor
Le vendeur	waiter	nurse	sales person
Trente	thirty	forty	twenty
L'ouvrier	lawyer	worker	doorman
Dix-sept	twenty-seven	seventeen	eighteen
Avocat	doctor	engineer	lawyer
Les pâtes	cakes	vegetables	pasta
Les légumes	vegetables	cakes	sweets

6. Tick the words in the list below which are names of food

a. le temps

b. les cartes

c. les pâtes

d. le poisson

e. l'ordinateur

f. les légumes

g. la glace

h. le cahier

i. l'ouvrier

j. le plombier

k. les pommes

l. la viande

m. le jardin

n. le visage

o. la dinde

7. Faulty translation – spot the words which have been translated incorrectly and correct them (general recap)

a. Dans ma famille il y a quatre personnes:
In my family there are five people

b. J'ai les cheveux bruns: *I have black hair*

c. Je n'ai pas de frère: *I have one brother*

d. Je porte des lunettes: *I wear a hat*

e. Mon père est grand et gros: *My father is tall and slim*

f. Ma mère est vendeuse: *My mother is a lawyer*

g. Mes parents sont très gentils: *My parents are very kind*

h. Je déteste les légumes: *I hate meat*

i. Pendant mon temps libre, je lis des bandes dessinées:
In my free time I read novels

j. Mon passe-temps préféré, c'est sortir avec mes copains:
My favourite pastime is to go out with my friends

 **THE LANGUAGE GYM**

8. Match questions and answers (general recap)

a. Comment t'appelles-tu?	Quatre personnes
b. Quel âge as-tu?	La musculation
c. Où habites-tu?	Marc
d. Combien de personnes y a-t-il dans ta famille?	Je sors avec ma copine
e. Tu as combien de frères?	J'en ai un
f. Comment es-tu physiquement?	Quinze ans
g. Et de caractère, tu es comment?	Bavard, rigolo, et sympa
h. Quel est ton sport préféré?	La cuisine italienne
i. A part le sport, que fais-tu pendant ton temps libre?	À Nice, dans le sud
j. Quelle est ta cuisine préférée?	Il est professeur
k. Quelle est ta nourriture preférée?	Je suis de taille moyenne, assez mince
l. Quel travail fait ton père?	Le poulet rôti

9. Match (food and drinks recap)

le poulet	juice
la viande	potatoes
les pâtes	apples
l'eau	fish
le jus	pasta
le vin rouge	lamb
les légumes	water
les pommes	meat
le poisson	vegetables
l'agneau	watermelon
la pastèque	red wine
le riz	rice
les pommes de terre	chicken

10. Complete (numbers from 1 to 100 - recap)

a. Tren_ _ *[thirty]*

b. Soix_ _ _ _ *[sixty]*

c. _ _ _ rante *[forty]*

d. Quatre-_ _ _ _ _ _ *[eighty]*

e. Quatre-vingt- _ _ _ *[ninety]*

f. Cinq _ _ _ _ _ *[fifty]*

g. Vin_ _ *[twenty]*

h. C_ _ _ *[one hundred]*

i. Dix-_ _ _ _ *[nineteen]*

j. Qu_ _ _ _ *[fifteen]*

k. Quat_ _ _ _ *[fourteen]*

l. Sei_ _ *[sixteen]*

11. Translation (age, food and description recap)

a. Je suis ouvert d'esprit

b. J'ai les cheveux roux

c. J'adore l'agneau

d. Je ne mange pas de fritures

e. Mon père a quarante ans

f. Je suis fils unique

g. Je suis bavard

h. Ma sœur a trente-deux ans

i. Mon oncle a cinquante ans

j. Ma mère est assez têtue

k. Mon frère est pénible

l. Ma sœur est très aimable

m. Mon copain est très beau

n. Mes parents sont serviables

o. Nous avons seize ans

p. Je mange de la viande

q. Je ne bois pas de vin blanc

r. J'adore le jus d'ananas

THE LANGUAGE GYM

23. Match (function words recap)

dans	too
depuis	on the other hand
comme	very
aussi	in
par contre	with
trop	my (plural)
très	since
avec	all, every
mes	also
tous	as, like

24. Translate

a. Je m'entends bien avec:

b. J'y habite depuis:

c. De caractère:

d. Mes amis disent que:

e. Je suis sûr de moi:

f. Je suis un peu nul en:

g. Je suis fort en:

25. Complete

Je m'appelle Alexandre. J'ai seize a _ _. J'h _ _ _ _ _ à Perpignan, dans le s_ _ de la France avec m_ mère, m_ _ père et m_ _ deux frères. Mon père e_ _ avocat et ma m_ _ _ est enseignante dans un lycée. Mes deux frères s_ _ _ étudiants comme m_ _.

Physiquement, je s_ _ _ grand et gros. J'ai les c_ _ _ _ _ _ bruns et les y_ _ _ bleus. De c_ _ _ _ _ _ _ _, je suis b_ _ _ _ _, sympa et ouvert d'esprit. Mes amis d_ _ _ _ _ que je suis un peu t_ _ _. Je m'entends b_ _ _ avec mes parents car ils ne sont p_ _ trop stricts.

J'aime l'école et étudier. Mes m_ _ _ _ _ _ _ préférées sont les sciences et les maths. Je suis f_ _ _ en anglais aussi.

J'adore la cuisine i_ _ _ _ _ _ _ _. J'aime surtout les p_ _ _ _. J'en mange tous les j_ _ _ _.

26. Complete the sentences with a suitable word

a. J'_____ à Paris depuis cinq ans.

b. J'_____ seize ans.

c. De _____, je suis timide.

d. Physiquement, je suis assez _____ et _____.

e. Comme sport, j'aime _____.

f. Je _____ sur ma Playstation.

g. J'aime aussi _____ des romans de science-fiction.

h. J'_____ l'école. Je _____ toujours mes devoirs.

i. Je suis _____ en maths et en anglais.

27. Complete with the missing word

a. Je m'appelle Marie et j'ai seize.

b. J'habite à Brest mes parents et mes deux sœurs.

c. Caractère, je suis assez bavarde et sympa.

d. Physiquement, je petite et grosse.

e. Mon père médecin.

f. Pendant mon temps libre, j'aime faire sport.

g. Mon passe-temps préféré, c'est de sortir avec amis.

h. J'ai une copine. Elle s'appelle Céline. Elle dix-sept ans.

i. J'adore cuisine japonaise.

28. Translate into French

a. I am 15

b. I have been living in Nancy for ten years

c. Physically I am tall

d. Personality-wise I am friendly and talkative

e. My father is a plumber

f. My mother is a sales person in a clothes store

g. In my free time I play on my Playstation and on the computer

h. I also go to the gym three times a week

i. My favourite foods are hamburgers and French fries

j. I am rubbish at maths and science

29. Write a paragraph for Robert in the FIRST person singular (Je) and for Corinne in the THIRD person singular (Elle)

Name	Robert	Corinne
Age	16	15
Residence	Strasbourg, northeast of France	Nice, south of France
Parents	Julie, 42 and Charles, 52	Marine, 38 and Jean, 42
Siblings	None	A younger sister
Father's job	Teacher	Plumber
Mother's job	Housewife	Nurse
Self-description	Tall, slim, friendly, intelligent	Short, skinny, shy, kind
Parents' description	Hard-working and strict	Funny, kind, open-minded
Siblings' description	-	Annoying and selfish
Hobbies	Reads books, plays on computer	Goes out with friends, chats on social media, watches YouTube
Sports	Swimming and weightlifting	Running and volleyball
Attitude towards school	Loves it	Likes it
Favourite subjects	French, English, art	Maths, science
Favourite food	Italian cuisine: pasta	Japanese cuisine: sushi

 THE LANGUAGE GYM

Key questions

Comment t'appelles-tu?	*What is your name?*
Où habites-tu?	*Where do you live?*
Combien de personnes y a-t-il dans ta famille? Qui?	*How many people are there in your family? Who?*
Tes parents, qu'est-ce qu'ils font dans la vie?	*What do your parents do for a living?*
Tes parents, qu'est-ce qu'ils font comme travail?	*What job do your parents do?*
Tu t'entends bien avec tes parents?	*Do you get on well with your parents?*
Tu t'entends bien avec ta sœur/ton frère?	*Do you get on well with your sister / brother?*
Comment es-tu physiquement?	*What are you like physically?*
Comment est ton caractère?	*What is your character like?*
Qui est ton meilleur ami/ta meilleure amie?	*Who is your best friend?*
Parle-moi un peu de lui/d'elle.	*Tell me a bit about him/her.*
Que fais-tu pendant ton temps libre?	*What do you do in your free time?*
Quels sports fais-tu? Avec quelle fréquence? Où? Avec qui?	*What sports do you do? How often? Where? Who with?*
Quel est ton sport préféré? Pourquoi?	*What is your favourite sport? Why?*
Quelle est ta nourriture préférée?	*What is your favourite food?*
Quelle est ta matière scolaire préférée?	*What is your favourite school subject?*
Parle-moi d'une personne que tu admires.	*Tell me about a person you admire.*

ANSWERS – Unit 1

1. Complete: a) appelle b) ans c) habite d) suis e) il y a f) est g) vendeuse h) cheveux i) timide j) amis k) meilleure l) faire m) natation n) cuisine o) nourriture p) que

2. Match: gentil – kind   ouvert d'esprit – open-minded   sympa – friendly   ennuyeux – boring   bavard – talkative   timide – shy   têtu – stubborn   maladroit – clumsy   sportif – sporty   grand – tall   petit – short   antipathique – unfriendly   sûr de lui – self-confident (M)   sûre d'elle – self-confident (F)

3. Categories: Physique: 3 ; 4 ; 5 ; 7 ; 8 ; 9 ; 10 ; 12 ; 13 ; 15   Caractère: 1 ; 2 ; 6 ; 11 ; 14

4. Translate into English: a) I have brown hair b) my father is tall c) my mother is short d) my brother is fat e) I have green eyes f) my sister is stubborn g) I am shy h) my parents are strict i) my father is bald j) my friend Pierre is friendly k) my brother is very self-confident l) my friends are very talkative

5. Multiple-choice quiz: b ; b ; c ; c ; a ; b ; b ; b ; c ; a ; b ; b ; c ; c ; a

6. Tick the words: c ; d ; f ; g ; k ; l ; o

7. Faulty translation: a) four people b) brown hair c) I don't have a d) glasses e) and fat f) sales person g) - h) vegetables i) comics j) -

8. Match questions and answers: a) Marc b) quinze ans c) À Nice dans le sud d) quatre personnes e) j'en ai un f) je suis de taille moyenne, assez mince g) bavard, rigolo, et sympa h) la musculation i) je sors avec ma copine j) la cuisine italienne k) le poulet rôti l) il est professeur

9. Match: le poulet – chicken   la viande – meat   les pâtes – pasta   l'eau – water   le jus – juice   le vin rouge – red wine   les légumes – vegetables   les pommes – apples   le poisson – fish   l'agneau – lamb   la pastèque – watermelon   le riz – rice   les pommes de terre – potatoes

10. Complete: a) tr**ente** b) soix**ante** c) **quar**ante d) quatre-**vingts** e) quatre-vingt-**dix** f) cin**quante** g) vin**gt** h) c**ent** i) dix-**neuf** j) qu**inze** k) qua**torze** l) se**ize**

11. Translation: a) I am open-minded b) I have red hair c) I love lamb d) I don't eat fried food e) my father is forty f) I am an only child (M) g) I am talkative h) my sister is thirty two i) my uncle is fifty j) my mother is quite stubborn k) my brother is annoying l) my sister is very pleasant m) my boyfriend is very handsome n) my parents are helpful o) we are sixteen p) I eat meat q) I don't drink white wine r) I love pineapple juice

12. Match the opposites: beau – moche   sympathique – antipathique   sûr de lui – timide   fort – faible   gros – maigre   bon – mauvais   grande – petite   sérieux – rigolo

13. Complete with the missing words: a) m'appelle b) ans c) frères d) habite e) dans f) suis g) caractère h) temps/regarde/lis i) préféré j) j'admire

14. Spot and correct the grammar/ spelling errors: a) bruns b) ma c) j' d) gentil e) petite f) délicieuse g) **est** timide h) j'ai i) que j) amis

15. Translate into English: a) my parents are kind, fair and open-minded   b) I don't have many friends c) my best friend is friendly and funny d) my girlfriend is very pretty and pleasant e) my father is quite stubborn f) my favourite food is meat   g) I hate vegetables because they are disgusting h) my father doesn't work, he is unemployed i) my mother is a sales person in a shoe shop   j) my brother is a student but he works part-time in a restaurant as a waiter

16. Change the adjectives: généreuse ; bavarde ; mignonne ; travailleuse ; grande ; gentille ; belle

17. Complete the translation:
a) dans ma famille il y a quatre personnes
b) pendant mon temps libre je fais beaucoup de sport
c) mon père est très travailleur
d) mon frère a les cheveux noirs et les yeux bleus
e) j'habite dans le sud de la France

f) mes sports préférés sont la natation et l'escalade
g) mes parents sont gentils, patients et ouverts d'esprit
h) mon frère est très sympa
i) mon meilleur ami s'appelle Pierre
j) une personne que j'admire, c'est mon père

THE LANGUAGE GYM

18. Translate into French:
a) Dans ma famille il y a cinq personnes: mes parents, mes deux sœurs et moi.
b) Mes parents sont très gentils et ouverts d'esprit.
c) Ma sœur Marianne est grande et un peu grosse. Elle est sympa et bavarde.
d) Je suis assez petit et musclé. Mes amis disent que je suis assez marrant et généreux.
e) J'ai les cheveux bruns et les yeux verts. Je porte des lunettes.
f) Pendant mon temps libre, je sors avec mes amis, je lis des romans et j'utilise les réseaux sociaux.
g) Mes sports préférés sont la natation et la musculation.   h) J'adore la cuisine italienne. Ma cuisine préférée c'est les pâtes.
i) Une personne que j'admire, c'est Cristiano Ronaldo parce qu'il joue très bien au foot et il est riche.

19. Find in the text: a) sur la côte   b) j'y habite depuis dix ans   c) enseignante   d) plus âgés que moi
e) je passe beaucoup de temps   f) de caractère   g) j'y vais tous les jours   h) ouvert d'esprit et sûr de moi   i) mes amis disent
j) peut-être   k) je m'entends bien avec   l) serviables   m) à mon avis   n) le meilleur   o) je suis assez fort en
p) un peu nul en   q) c'est dommage   r) heureusement   s) mon plat favori   t) je mange des pâtes

20. Answer the questions: a) lawyer and teacher   b) quite good-looking, tall, and thin but muscular
c) they are not too strict neither bossy, they are really kind and helpful   d) hard-working and respectful
e) because he is the best   f) it's boring   g) never   h) he is very intelligent   i) caramel pork

21. Translate: a) dans le sud-est   b) sur la côte   c) ma sœur aînée   d) coiffeuse   e) étudiante   f) je suis assez jolie
g) de caractère   h) sûre de moi   i) mes amis disent   j) je m'entends bien avec   k) vraiment sympathiques   l) par contre
m) la meilleure chanteuse du monde   n) branchée   o) je suis très forte en   p) j'étudie beaucoup   q) donc   r) ils sont fiers de moi
s) mon plat favori   t) gâteau de riz   u) cuit

22. Complete the sentences: a) with her parents and her sister   b) hairdresser   c) quite pretty, average size, and slim
d) sociable, open-minded, talkative   e) generous and helpful   f) annoying, unfriendly, mean and selfish
g) the best singer in the world, very pretty, and cool   h) French, English, history and art   i) hard-working and intelligent

23. Match: dans – in   depuis – since   comme – as, like   aussi – also   par contre – on the other hand   trop – too   très – very
avec – with   mes – my (plural)   tous – all, every

24. Translate: a) I get on well with   b) I have been living there since   c) personality-wise   d) my friends say that
e) I am self-confident   f) I am a bit bad in (school subjects)   g) I am strong in

25. Complete: ans ; habite ; sud ; ma ; mon ; mes ; est ; mère ; sont ; moi ; suis ; cheveux ; yeux ; caractère ; bavard ; disent ;
têtu ; bien ; pas ; matières ; fort ; italienne ; pâtes ; jours

26. Complete: a) habite b) ai c) caractère d) grand(e)/mince e) la musculation f) joue g) lire h) aime/fais i) fort(e) or nul(le)

27. Spot and add in the missing word: a) seize **ans**   b) **avec** mes   c) **de** caractère   d) je **suis**   e) père **est**   f) **du** sport
g) **mes** amis   h) /elle **a**   i) **la** cuisine

28. Translate: a) j'ai quinze ans   b) j'habite à Nancy depuis dix ans   c) physiquement je suis grand(e)
d) de caractère je suis sympa et bavard(e)   e) mon père est plombier   f) ma mère est vendeuse dans un magasin de vêtements
g) pendant mon temps libre je joue sur ma Playstation et sur l'ordinateur h) je vais aussi au gymnase trois fois par semaine
i) mes nourritures préférées ce sont les hamburgers et les frites   j) je suis nul(le) en maths et en sciences

29. Write a paragraph:
Robert: Je m'appelle Robert et j'ai seize ans. J'habite à Strasbourg dans le nord-est de la France. Ma mère s'appelle Julie et elle a quarante-deux ans. Mon père s'appelle Charles et il a cinquante-deux ans. Je n'ai pas de frères et sœurs. Mon père travaille comme enseignant/professeur et ma mère est femme au foyer. Je suis grand, mince, sympa et intelligent. Mes parents sont travailleurs et stricts. Pendant mon temps libre, j'aime lire des livres et jouer sur l'ordinateur. Comme sport, je fais de la natation et de la musculation. J'adore l'école et mes matières préférées sont le français, l'anglais et le dessin. Ma cuisine préférée c'est la cuisine italienne surtout les pâtes.

Corinne: Elle s'appelle Corinne et elle a quinze ans. Elle habite à Nice dans le sud de la France. Sa mère s'appelle Marine et elle a trente-huit ans et son père s'appelle Jean et il a quarante-deux ans. Elle a une petite sœur. Son père est plombier et sa mère est infirmière. Elle est petite, maigre, timide et gentille. Ses parents sont rigolos, gentils et ouverts d'esprit. Sa sœur est pénible et égoïste. Pendant son temps libre, elle sort avec ses amis, discute sur les réseaux sociaux et regarde des vidéos sur YouTube. Les sports qu'elle pratique sont la course à pied et le volley. Elle aime l'école et ses matières préférées sont les maths et les sciences. Sa nourriture préférée, c'est la cuisine japonaise surtout les sushis.

Unit 2. Describing yourself, your family and friends

| J'ai *[I have]*

Il a *[He has]*

Elle a *[She has]* | les cheveux *[hair]* | **blonds** *[blond]*
bruns *[brown]*
châtains *[light brown]* | **gris** *[grey]*
roux *[red]*
violets *[purple]* | **courts** *[short]*
frisés *[curly]*
longs *[long]* |
| | les yeux *[eyes]* | **bleus** [blue]
gris *[grey]*
marron *[brown]* | **noirs** *[black]*
noisette *[hazel]*
verts *[green]* | **mi-longs**
[mid-length]
ondulés *[wavy]*
raides *[straight]* |

| De caractère je suis
[Personality-wise I am]

De caractère il/elle est
[Personality-wise he/she is]

Je voudrais être plus/moins
[I would like to be more/less]

Elle voudrait être plus/moins
[She would like to be more/less]

Les gens disent que je suis
[People say that I am]

Les gens disent qu'il/elle est
[People say he/she is] | **assez** *[quite]*

très *[very]*

un peu *[a bit]*

plutôt *[rather]*

vraiment *[really]* | **antipathique** *[unfriendly]*
attentionné(e) *[caring]*
bavard(e) *[talkative]*
bête *[stupid]*
égoïste *[selfish]*
fainéant(e) *[lazy]*
fidèle *[loyal]*
généreux/généreuse *[generous]*
gentil(le) *[kind]*
radin(e) *[stingy]*
rigolo(te) *[funny]*
serviable *[helpful]*
sympathique *[friendly]*
timide *[shy]*
têtu(e) *[stubborn]*
travailleur/travailleuse *[hard-working]* |

| Ma meilleure qualité est
[My best quality is]

Sa meilleure qualité est
[His/her best quality is] | **la confiance en moi/soi** *[self-confidence]*
la fidélité *[loyalty]*
la force de volonté *[will power]*
la générosité *[generosity]*
la gentillesse *[kindness]*
l'honnêteté *[honesty]*
l'humilité *[humility]*
l'ouverture d'esprit *[open-mindedness]*
le sens de l'humour *[sense of humour]* |

1. Match

mince	muscular
moche	pretty
bavard	fat
joli	unfriendly
sympathique	stubborn
antipathique	loyal
fidèle	talkative
gros	selfish
musclé	ugly
têtu	friendly
égoïste	kind
gentil	slim

3. Complete the words

a. gr_ _ *[fat]*

b. gen_ _ _ *[kind]*

c. min_ _ *[slim]*

d. antipat_ _ _ _ _ *[unfriendly]*

e. _go_ st_ *[selfish]*

f. b_ _ _ *[good-looking]*

g. ba_ _ _ _ *[talkative]*

h. br_ _ *[dark]*

i. chât_ _ _ s *[light brown]*

j. fo_ _ *[strong]*

k. rigo_ _ *[funny]*

5. Translate into English

a. Je suis

b. Tu es

c. Il est

d. Elle est

e. Nous sommes

f. Vous êtes

g. Ils sont

h. Elles sont

2. Spot and fix the wrong translations

a. Je suis mince: *I am slim*

b. Je suis grosse: *I am fat*

c. Je suis égoïste: *I am selfish*

d. Je suis radin: *I am stubborn*

e. Je suis beau: *I am good-looking*

f. Je suis gentil: *I am kind*

g. Je suis bavard: *I am unfriendly*

h. Je suis fort: *I am strong*

i. Je suis sympathique: *I am annoying*

j. Je suis moche: *I am loyal*

k. Je suis fidèle: *I am tall*

4. Anagrams: rewrite the jumbled-up word correctly as shown in the example

a. Je suis **êttu**: têtu

b. Je ne suis pas **vatrailleur**

c. Elle est très **dèfile**

d. Je ne suis pas **steéoïg**

e. Il est assez **inmce**

f. Je suis un peu **êetb**

g. Mon père est assez **rgand**

h. Ma mère est assez **varadeb**

i. J'ai les cheveux **rbuns**

j. Elle a les cheveux **nogls**

6. Complete the French translation

a. You are talkative! = **Tu _ _ bavard!**

b. She is short: **Elle _ _ _ petite**

c. We are old: **Nous _ _ _ _ _ _ vieux**

d. They (fem) are pretty: **Elles _ _ _ _ jolies**

e. I (fem) am fat: **Je _ _ _ _ grosse**

f. They (masc) are very hard-working: **Ils _ _ _ _ très travailleurs**

USEFUL VOCABULARY:
FAMILY

mon frère: my brother

ma grand-mère: my grandmother

mon grand-père: my grandfather

mes grands-parents: my grandparents

ma mère: my mother

mon oncle: my uncle

mon père: my father

ma sœur: my sister

ma tante: my aunt

FRIENDS

mes amis: my friends

mes camarades de classe: my classmates

mes copains: my friends

ma meilleure amie: my best (female) friend

mon meilleur ami: my best (male) friend

ma petite copine: my girlfriend

mon petit copain: my boyfriend

ma voisine: my (female) neighbour

mon voisin: my neighbour

7. Complete

a. Ma _____ est vieille *[My grandmother is old]*

b. Ma _____ est grande *[My sister is tall]*

c. Mes _____ de classe sont bruyants
[My classmates are noisy]

d. Mon _____ _____ est fort
[My best friend is strong]

e. Mon _____ _____ est bavard
[My boyfriend is talkative]

f. Mon _____ aîné est pénible
[My older brother is annoying]

g. Ma _____ _____ est très jolie
[My best (female) friend is very pretty]

h. Mon _____ est gros *[My uncle is fat]*

i. Ma _____ est belle *[My aunt is good-looking]*

8. Choose the correct version of the adjectives as shown in the example

	1	2
a. Mon père est	**bavard**	bavarde
b. Ma sœur est	grande	grand
c. Mes parents sont	gentil	gentils
d. Ma tante est	belle	beau
e. Mon oncle est	forte	fort
f. Mon père est	têtue	têtu
g. Ma grand-mère est	vieille	vieux
h. Mon petit frère est	intelligent	intelligente

Fabienne: « Mes amis disent que je suis assez ouverte d'esprit, agréable et patiente. Ils disent aussi que j'ai un bon sens de l'humour et que je suis très humble. Par contre, à mon avis ma meilleure qualité, c'est la fidélité. »

Jean-Claude: « Mes amis disent que je suis égoïste, fainéant et assez vaniteux. Je ne suis pas d'accord. Je suis travailleur et assez généreux. Et je ne suis pas du tout vaniteux! Ma meilleure qualité, en fait, c'est l'humilité. »

Philippe: « Mes amis disent que je suis très timide et extrêmement tranquille. Trop tranquille. Ils ont raison. Des fois, j'ai peur de parler et d'exprimer mes opinions. La vérité, c'est que je ne suis pas sûr de moi. Je voudrais avoir plus de confiance en moi. »

Sandrine: « Mes amis se moquent toujours de moi. Ils disent que je suis bête et que j'ai un mauvais sens de l'humour. Ils disent aussi que je suis très maladroite et que je ne pense jamais avant de parler. Je voudrais être plus intelligente et plus rigolote aussi. »

Maurice: « Mes amis disent que je suis trop sérieux et que je parle toujours de sujets barbants qui ne les intéressent pas. Ils disent que je devrais rigoler un peu plus. À mon avis, ils ne m'aiment pas parce que je suis plus intelligent et plus mature qu'eux. Mes meilleures qualités ce sont sûrement mon ouverture d'esprit et mon assiduité. Je suis très travailleur, par contre je voudrais être un peu plus extraverti. »

---

24. Answer the comprehension question on the texts above	**25. Find in the text, the French equivalent for the following**
a. Whose friends say s/he is vain?	a. My friends say
	b. Pleasant
b. Who says that they are very hard-working?	c. A good sense of humour
	d. On the other hand
c. Who has friends who say s/he is very clumsy?	e. Vain
	f. I don't agree
d. Who would like to be funnier?	g. The truth is
	h. I am not self-confident
e. What are Maurice's best qualities?	i. They say I am stupid
	j. I am very clumsy
f. Who says s/he is very loyal?	k. Before speaking
	l. Too serious
g. Who is sometimes afraid to express their opinions?	m. I talk about boring topics
	n. Mature
h. Who would like to be more extroverted?	o. My best qualities
i. How does Fabienne describe herself?	
j. Why does Maurice believe that his friends criticise him?	

26. Complete using the words in the grey box

a. Mes amis _____ que je suis pénible

b. Mon père est _____ rigolo

c. Mes parents sont assez _____

d. Je ne m'_____ pas bien avec ma sœur

e. Ma _____ qualité, c'est la fidélité

f. Mon _____ ami s'appelle Jacques

g. J'ai les cheveux blonds, courts et _____

h. J'ai les _____ noisette

i. Ma petite copine est très _____

j. Mes amis disent que j'ai un _____ sens de l'humour

k. Je _____ être beaucoup plus sûr de moi

l. Mes _____ de classe pensent que je suis trop sérieux

voudrais	camarades
belle	bon
disent	meilleure
entends	meilleur
raides	stricts
très	yeux

27. Gapped translation

a. My friends say I am too serious: *Mes amis _____ que je suis trop _____*

b. I don't get along with my parents: *Je ne m'_____ pas bien avec mes parents*

c. My best quality is honesty: *Ma _____ qualité, c'est l'_____*

d. My best friend is called Julien: *Mon _____ copain s'appelle Julien*

e. I would like to be more good-looking: *Je voudrais _____ plus _____*

f. I am more hard-working than my brother: *Je suis _____ travailleur _____ mon frère*

28. Write a text for each person, in the FIRST person singular (je)

Suzanne	Marc
Is 16 years old	Is 15 years old
Lives in Lille in the northeast of France	Lives in Nice in the south of France
Has long blond curly hair	Has short, brown, straight hair
Has green eyes	Has hazel eyes
Is tall and slim	Is short and fat
Is intelligent, funny and kind	Is stupid, boring and rude
Has two brothers	Has two sisters
Her brothers are helpful and hard-working	His sisters are annoying and lazy
Gets along with her parents because they are open-minded, patient and very affectionate	Doesn't get along with his parents because they are strict, stubborn and bossy

ANSWERS – Unit 2

1. Match: mince – slim   moche – ugly   bavard – talkative   joli – pretty   sympathique – friendly   antipathique – unfriendly
fidèle – loyal   gros – fat   musclé – muscular   têtu – stubborn   égoïste – selfish   gentil – kind

2. Spot and fix the wrong translation: a) - b) - c) - d) stingy e) - f) - g) talkative h) - i) friendly j) ugly k) loyal

3. Complete the words: a) gros b) gentil c) mince d) antipathique e) égoïste f) beau g) bavard h) brun i) châtains
j) fort k) rigolo

4. Anagrams: a) têtu   b) travailleur   c) fidèle   d) égoïste   e) mince   f) bête   g) grand   h) bavarde   i) bruns   j) longs

5. Translate: a) I am   b) you are   c) he is   d) she is   e) we are   f) you (guys) are   g) they (masc) are   h) they (fem) are

6. Complete the French translation: a) es   b) est   c) sommes   d) sont   e) suis   f) sont

7. Complete: a) grand-mère b) sœur c) camarades d) meilleur ami e) petit copain f) frère g) meilleure amie h) oncle
i) tante

8. Choose the correct version: a) bavard   b) grande   c) gentils   d) belle   e) fort   f) têtu   g) vieille   h) intelligent

9. Translate: a) my mother is strict   b) my father is funny   c) my parents are open-minded
d) my grandparents are hard-working   e) my younger brother is annoying   f) my older brother is very selfish
g) my uncle is friendly   h) my aunt is fat and talkative   i) my best friend is very generous   j) my classmates are stupid

10. Complete the table: a) grosse   b) travailleuse   c) belle   d) rigolote   e) forte   f) brune   g) radine   h) menteuse
i) grande j) paresseuse   k) petite   l) sportive   m) vieille

11. Translate: a) I have brown hair b) she has straight hair c) we have brown eyes d) they have blue eyes e) you are bald
f) do you have green eyes? g) he is tall and good-looking h) he is small but muscular i) he is tall and fat j) he is puny

12. Wordsearch: find the French translation of the words/phrases below

	a	s	s	e	z	j	o	l	i	e							r	
g	e	n	t	i	l									u		i	f
			f	o	r	t					a			g	a
b	ê	t	e		l	e	s	y	e	u	x	v	e	r	t	s	o	i
										b					l	b
		t	ê	t	u									o	l
									g	r	a	n	d	t	e
t	r	a	v	a	i	l	l	e	u	r		m	o	c	h	e

gentil ; fort ; beau ; bête ; faible ; grand ; rigolo ; têtu ; moche ; les yeux verts ; travailleur ; assez jolie

13. Correct the mistakes: a) belle b) très c) est d) sommes e) j'ai f) blond g) égoïste h) travailleurs   i) pénibles

14. Correct the spelling/grammar mistakes: a) travailleuse   b) moi/sommes   c) égoïstes   d) stricts   e) j'ai   f) grande
g) ami/très h) j'ai/et/bruns i) têtue

15. Gapped sentences: a) appelle   b) suis   c) habite   d) grand/petit   e) cheveux ; longs/courts   f) sympa   g) frère
h) sont i) bête j) stricts k) ami l) ma

16. Translate: a) ma mère est très gentille   b) mon père est assez sympathique   c) ma sœur est bavarde
d) mes parents sont attentionnés   e) j'ai les cheveux blonds   f) j'ai les yeux verts   g) mon père est chauve
h) mon meilleur ami est beau

17. Match up: l'optimisme – optimism   l'ouverture d'esprit – open-mindedness   la générosité – generosity
l'honnêteté – honesty   la gentillesse – kindness   la force de volonté – will power   la fidélité – loyalty
la confiance en soi – self-confidence   le sens de l'humour – sense of humour   l'humilité – humility   la patience – patience
la positivité - positivity

18. Complete the table: fidèle ; générosité ; ouverture ; optimiste ; positivité ; honnêteté ; humble ; intelligent

19. Spot the missing word: a) **les** cheveux   b) **pas** de   c) **qui** s'appelle   d) **s'appelle**   e) **a** quatorze   f) **sont** stricts   g) **ne**
suis   h) **la** fidélité   i) **un** bon

20. Translate: a) la volonté   b) le sens de l'humour   c) la confiance en moi/soi   d) l'humilité   e) fidélité   f) positivité
g) l'ouverture d'esprit   h) honnêteté   i) gentillesse   j) patience

21. Find the French: a) physiquement   b) mince mais musclé   c) les gens disent   d) un beau garçon   e) de caractère
f) sûr de moi   g) rigolo   h) fainéant   i) des fois   j) vaniteux   k) têtu   l) ils disent   m) je veux avoir raison   n) branché
o) par contre   p) pénible   q) radin

22. Gapped translation: sixteen ; Bruxelles ; Belgium ; slim ; black ; people ; good-looking boy ; funny ; self-confident ;
lazy ; my homework ; maths ; say ; a bit ; stubborn ; right ; maybe ; hard-working ; vain ; honesty ; cool ; on the other hand ;
annoying ; selfish ; stingy ; annoys me

23. Translate: a) people say that   b) personality-wise   c) self-confident   d) especially   e) sometimes
f) I always want to be right   g) maybe   h) anyway   i) on the other hand   j) he is annoying   k) he annoys me

24. Answer the comprehension question: a) Jean-Claude   b) Maurice   c) Sandrine   d) Sandrine
e) open-mindedness/assiduity   f) Fabienne   g) Philippe   h) Maurice   i) open-minded, pleasant, patient
j) because he is more clever and mature than them

25. Find in the text, the French equivalent for the following: a) mes amis disent   b) agréable   c) un bon sens de l'humour
d) par contre   e) vaniteux   f) je ne suis pas d'accord   g) la vérité c'est   h) je ne suis pas sûr de moi
i) ils disent que je suis bête   j) je suis très maladroite   k) avant de parler   l) trop sérieux   m) je parle de sujets barbants
n) mature   o) mes meilleures qualités

26. Complete: a) disent   b) très   c) stricts   d) entends   e) meilleure   f) meilleur   g) raides   h) yeux   i) belle   j) bon
k) voudrais   k) camarades

27. Gapped translation: a) disent/sérieux   b) entends   c) meilleure/honnêteté   d) meilleur   e) être/beau   f) plus/que

28. Write a text for each person, in the FIRST person singular (je)

Suzanne: Je m'appelle Suzanne, j'ai seize ans. J'habite à Lille dans le nord-est de la France. J'ai les cheveux blonds, longs et
frisés. J'ai les yeux verts. Je suis grande et mince. Je suis intelligente, marrante et gentille. J'ai deux frères. Ils sont serviables
et travailleurs. Je m'entends bien avec mes parents parce qu'ils sont ouverts d'esprit, patients et très attentionnés.

Marc: Je m'appelle Marc et j'ai quinze ans. J'habite à Nice dans le sud de la France. J'ai les cheveux courts, bruns et raides.
J'ai les yeux noisette. Je suis petit et gros. Je suis bête, ennuyeux et grossier. J'ai deux sœurs. Elles sont pénibles et
fainéantes. Je ne m'entends pas avec mes parents parce qu'ils sont stricts, têtus et autoritaires.

Comme j'ai des examens importants dans quelques mois, je n'ai pas beaucoup de temps libre en ce moment. Plus ou moins deux heures par jour. D'habitude, quand je n'étudie pas, je joue aux jeux en ligne avec mes copains, j'écoute de la musique hip hop ou je sors avec ma copine, Stéphanie. J'aime sortir avec elle car elle est très jolie et rigolote. Nous nous amusons beaucoup ensemble. On discute un peu de tout. En général, nous allons au parc près de chez moi ou nous nous baladons au centre-ville. C'est agréable. Elle aime faire du lèche-vitrine. En plus, trois fois par semaine je vais au gymnase avec mon frère aîné. J'y fais de la musculation. Mon frère est beaucoup plus fort que moi, mais je suis plus beau. J'adore ce sport. C'est très passionnant et sain, mais…fatigant! Le matin, avant d'aller à l'école, je fais aussi du footing dans le parc. Ça me détend. En ce moment je ne lis pas beaucoup, mais quand j'aurai plus de temps libre après les examens je lirai plus. J'adore les romans de science-fiction, je les trouve très prenants. **(Marc, 18 ans)**

15. Find in the text the French equivalent for

a. In a few months

b. I don't have a lot of free time

c. Two hours a day

d. I play online games

e. I like to go out with her

f. Pretty and funny

g. Together

h. We talk

i. She enjoys window shopping

j. Three times a week

k. Exciting and healthy

l. In the morning

m. Before going to school

16. Questions on Marc's text

a. Why doesn't Marc have a lot of free time at this moment in time?

b. What three things does he do when he doesn't study?

c. Who is Stéphanie?

d. What does he do with her?

e. What does she enjoy doing?

f. What does he say about his brother?

g. What effect does jogging have on him?

h. What will he do more of after the exams are over?

i. Why does he love sci-fi novels?

17. Gapped translation

Since I have important exams in a few _____, I don't have a lot of _____ at this moment in time. More or less two hours _____. Usually, when I don't _____ I play _____ games with my friends, I listen to hip hop music or _____ _____, Stéphanie. I enjoy going out with her because she is _____ and _____. We have a lot of fun _____. We talk about a bit of everything. In general, we go to the park _____ or we go for a walk in the town centre. It is _____. She enjoys _____. Moreover _____ a week I go to the gym with my older brother. I do _____ there. My brother is much _____ than me but I am more _____. I love this sport. It is very _____ and _____ but…_____! In the morning, before _____ I also go jogging in the park. It _____ me. At this moment in time I don't _____ much, but when I will have more _____ after the _____ I will read more. I love sci-fi novels, I find them _____. **(Marc, 18 ans)**

Je n'ai pas beaucoup de temps libre en ce moment car je dois beaucoup étudier pour mes examens. D'habitude, je n'ai qu'une heure ou deux pour mes passe-temps. Quand je n'étudie pas, je tchatte en ligne avec mes copains, j'écoute de la musique pop ou je sors avec mon petit copain, Alex. J'aime sortir avec lui car il est très bavard et marrant. Nous nous amusons beaucoup ensemble. On s'entend vraiment bien et on discute vraiment de tout. En général, nous allons au centre commercial près de chez moi ou nous nous baladons le long de la rivière. C'est agréable. Il aime faire de la photographie et prend beaucoup de photos de moi. Je l'adore! Trois fois par semaine, je vais à la piscine avec ma meilleure copine, Sandrine. J'aime beaucoup la natation. C'est très passionnant et sain, mais vraiment fatigant! J'ai toujours faim après avoir nagé. Le matin, avant d'aller à l'école, je fais aussi du vélo dans le parc près de chez moi. Ça me détend. J'aime aussi jouer du piano mais en ce moment je n'ai pas le temps. Quand j'aurai plus de temps libre après les examens je jouerai du piano tous les jours. J'adore la musique jazz. **(Laetitia, 17 ans)**

18. Translate into French

a. A lot of free time

b. I must study a lot

c. My hobbies

d. Online

e. Talkative and funny

f. We get along really well

g. Along the river

h. I love him

i. With my best friend

j. Really tiring

k. I am always hungry

l. After swimming

19. Translate into English

a. En ce moment

b. D'habitude

c. Je n'ai qu'une heure ou deux

d. J'aime sortir avec lui

e. Nous nous amusons beaucoup ensemble

f. On discute vraiment de tout

g. Près de chez moi

h. Nous nous baladons

i. J'ai toujours faim

j. Ça me détend

k. Je n'ai pas le temps

Pendant mon temps libre je ne fais pas grand-chose car je dois beaucoup étudier pour mes examens. Je n'ai qu'une heure ou deux par jour pour mes loisirs. Tout d'abord, je fais un peu de sport. Je vais à la gym ou à la piscine deux ou trois fois par semaine. J'adore la musculation et la natation parce que ces sports me détendent et sont très bons pour la santé. Je fais aussi de la course à pied avant d'aller au collège. Je fais ça dans le parc près de chez moi. J'aime aussi jouer avec mon chien, Bobo, dans mon jardin. Bobo est très rigolo et joueur. On s'amuse bien ensemble. J'ai un petit copain, Pierre. Je ne le vois pas souvent en ce moment mais quand j'aurai plus de temps après les examens je le verrai presque tous les jours. **(Florence, 18 ans)**

20. All of the statements about Florence below are wrong. Can you correct them?

a. In her free time she does a lot of things

b. She only has one hour or two a week for her hobbies

c. She likes going to the gym because she wants to become stronger

d. She cycles before going to school

e. The park is far from her house

f. She plays with her dog in the park

g. Bobo is very fat and playful

h. She sees Pierre a lot

i. When she has more time after the exams she plans to see Pierre every day of the week

21. Complete the sentences

a. Pendant mon temps _____ [In my free time]

b. Je fais du _____ [I go for a bike ride]

c. Je _____ à la gym [I go to the gym]

d. Je sors _____ mon petit copain [I go out with my boyfriend]

e. Je ne fais _____ [I don't do anything]

f. Je fais _____ au parc [I do this at the park]

g. J'y vais trois _____ par semaine [I go there three times a week]

h. Je _____ deux heures sur internet [I spend 2 hours on the web]

i. Près de _____ moi [Near my house]

22. Complete the words

a. je bav _ _ _ _

b. ch_ _ moi

c. ce que j'aime le p _ _ _

d. je lis un rom _ _

e. avec des am _ _

f. c'est agré _ _ _ _

g. dans mon te _ _ _ libre

h. tous les j _ _ _ _

i. d'habi _ _ _ _

j. c'est pass _ _ _ _ _ _ _

k. je fais ça souv _ _ _

l. je fais de l'esc _ _ _ _ _

m. c'est fati _ _ _ _

n. la musc _ _ _ _ _ _ _

o. la cour _ _ à pi _ _

p. danger _ _ _

q. mar _ _ _ _

23. Translate into French

a. In my free time I don't do anything

b. First of all, I enjoy running in the park

c. I also enjoy walking around town with my boyfriend

d. I also enjoy swimming and going to the gym

e. Moreover, I enjoy reading a lot

f. At this moment I don't read often

g. After the exam I will read more

h. Finally, I play the piano, the drums and the guitar

24. Write a paragraph in the FIRST person (I) for Didier and Marianne and one in the THIRD person (he) for Jacques using the prompts given in the grid.

Didier	Marianne	Jacques
▪ Jogs every morning before going to school	▪ Cycles every morning before going to school	▪ Goes running every morning before going to school
▪ Goes to the swimming pool twice a week	▪ Goes to the pool at her gym twice a week	▪ Goes to the sports centre twice a week to rock-climb
▪ Goes to the gym every day	▪ Goes to the park near her home every day	▪ Goes to cinema every Saturday
▪ Spends three hours a day on the internet	▪ Spends many hours a day on the internet	▪ Relaxes listening to music
▪ Plays online games very often	▪ Chats with her friends online very often	▪ Uses Facebook very often
▪ Thinks football is boring	▪ Thinks Facebook is boring	▪ Thinks hip hop music is boring
▪ Rarely watches television	▪ Rarely goes to cinema	▪ Rarely reads books

Key questions

Qu'est-ce que tu fais pendant ton temps libre?	*What do you do in your free time?*
Que fais-tu le week-end?	*What do you do at the weekend?*
Quel est ton passe-temps préféré?	*What is your favourite hobby?*
Tu fais cela souvent? Avec qui? Où?	*Do you do this often? Who with? Where?*
Quels sports aimes-tu? Pourquoi?	*Which sport do you like? Why?*
Quel est ton sport préféré?	*What is your favourite sport?*
Parle-moi de ce sport.	*Tell to me about this sport.*
Pourquoi l'aimes-tu autant?	*Why do you like it so much?*
Tu sors souvent avec tes copains?	*Do you often go out with your friends?*
Quand tu sors avec tes copains (copines),	*When you go out with your friends,*
où allez-vous?	*where do you go?*
Que faites-vous?	*What do you do?*
Tu passes beaucoup de temps sur internet?	*Do you spend a lot of time on the internet?*
Que fais-tu sur internet?	*What do you do on the internet?*
Quels réseaux sociaux utilises-tu?	*Which social networks do you use?*
Pourquoi préfères-tu ceux-là?	*Why do you prefer those ones?*
Tu aimes la lecture?	*Do you like reading?*
Que lis-tu? Pourquoi?	*What do you read? Why?*
Quel genre de musique aimes-tu?	*What kind of music do you like?*
Qui est ton chanteur préféré?	*Who is your favourite male singer?*
Qui est ta chanteuse préférée?	*Who is your favourite female singer?*
Quel est ton groupe musical préféré?	*What is your favourite band?*
Tu joues d'un instrument de musique?	*Do you play a musical instrument?*

ANSWERS – Unit 3

1. Match: bavarder avec des amis - to chat with friends   lire des bandes dessinées – to read comics   fatigant - tiring
les jeux en ligne - online games   lire un roman - to read a novel   cher – expensive   faire du bricolage - to do DIY
divertissant – entertaining   la lecture – reading   les réseaux sociaux - social media   passionnant - exciting
la musculation - weightlifting   le vélo – bike   les sorties - going out   faire de la course à pied – to go running
sortir avec des amis – to go out with friends

2. Complete: a) fais   b) lis   c) regarde   d) lis   e) joue   f) vais   g) fais   h) surfe   i) fais   j) joue

3. Translate: a) I do rock climbing   b) I go at my best friend's   c) I go out with my girlfriend   d) I love social media
e) it's exciting but tiring   f) what I like the most, it's online games   g) I spend hours on the internet   h) I chat with friends

4. Multiple choice quiz: je vois (a)   je lis (c)   je me détends (c)   je bavarde (a)   je passe (c)   je cours (a)   je nage (b)
je me balade (a)   je rigole (b)   je sors (c)   je me repose (c)

5. Slalom translation: a) J'aime beaucoup faire de l'escalade mais c'est un peu dangereux.
b) Je fais ça au centre sportif près de chez moi.   c) Ce que j'aime le plus c'est lire des romans.
d) J'adore regarder des dessins animés à la télé.   e) J'aime beaucoup sortir avec des amis le week-end.

6. Complete the words: a) l'**escalad**e b) **passionnant** c) **la guitar**e d) **lectur**e e) **souvent** f) la **musculation**   g) **mon ami**
h) **les échecs**   i) **la p**l**age**

7. Guess the phrase: a) je fais de la musculation   b) ce que j'aime le plus   c) j'aime beaucoup la natation
d) je passe des heures sur internet   e) je fais de l'escalade   f) c'est sain mais aussi un peu fatigant   g) je fais ça très souvent
h) je fais ça chez mon ami(e)

8. Definition game: a) la musculation   b) la batterie   c) fatigant   d) bavarder   e) souvent   f) la natation   g) Facebook
h) les échecs   i) agréable

9. Spot and correct the spelling errors: a) les échecs   b) la musique   c) les jeux-vidéos   d) c'est agréable   e) le vélo
f) la guitare   g) la danse   h) les dessins animés   i) fatigant

10. Match: le matin – in the morning   d'habitude – usually   le temps – time   les bandes dessinées – comics   rien – nothing
le roman – novel   faire du vélo – to go cycling   faire de l'escalade – to go rock climbing   passer – to spend
une fois par semaine – once a week   le temps libre – free time

11. Anagrams: a) escalade   b) passionnant   c) footing   d) plage   e) sors   f) rien   g) course

12. Complete: a) le/balade b) rien c) passe/sur d) temps e) romans/bandes f) que/du g) jouer/de h) lèche-vitrine/copains
i) semaine/avec   j) course/fatigant

13. Spot and add in the missing word: a) **du** footing   b) **c'est** passionnant   c) **que** j'aime   d) **de** la   e) **en** ligne   f) **ne** joue
g) **des** dessins

14. Rewrite the sentences: a) j'aime faire de l'escalade   b) ce que j'aime le plus c'est la natation
c) je fais rarement de la natation   d) je fais ça à la piscine   e) je joue aux échecs avec mon père
f) je passe des heures sur internet   g) le week-end j'aime sortir avec des amis

15. Find in the text: a) dans quelques mois   b) je n'ai pas beaucoup de temps libre   c) deux heures par jour
d) je joue aux jeux en ligne   e) j'aime sortir avec elle   f) jolie et rigolote   g) ensemble   h) on discute
i) elle aime faire du lèche-vitrine   j) trois fois par semaine   k) passionnant et sain   l) le matin   m) avant d'aller à l'école

16. Questions: a) because he is studying   b) he plays online games, listens to music and goes out with his girlfriend
c) his girlfriend   d) he talks, goes to the park or goes for a walk in the town centre   e) she likes window shopping
f) he is much stronger than him   g) it relaxes him   h) he will read more   i) they are gripping

THE LANGUAGE GYM

17. Gapped translation: months ; free time ; a day ; study ; online ; I go out with my girlfriend ; pretty ; funny ; together ; near mine ; pleasant ; window shopping ; three times ; weightlifting ; stronger ; handsome ; exciting ; healthy ; tiring ; school ; relaxes ; read ; time ; exams ; gripping

18. Translate: a) beaucoup de temps libre b) je dois beaucoup étudier c) mes passe-temps d) en ligne e) bavard et marrant
f) on s'entend vraiment bien g) le long de la rivière h) je l'adore i) avec ma meilleure copine j) vraiment fatigant
k) j'ai toujours faim l) après avoir nagé

19. Translate: a) at this moment b) usually c) I only have an hour or two d) I like to go out with him
e) we have a lot of fun together f) we really talk about everything g) near mine h) we go for a walk i) I am always hungry
j) it relaxes me k) I don't have the time

20. Correct Flo's statements: a) in her free time she doesn't do much b) she only has one hour or two a day for her hobbies c) she likes going to the gym because it relaxes her and it's good for her health d) she goes jogging before going to school e) the park is near her house f) she plays with her dog in her garden g) Bobo is very funny and playful
h) she doesn't see Pierre often i) when she has more time after the exams she plans to see Pierre nearly every day of the week

21. Complete: a) libre b) vélo c) vais d) avec e) rien f) ça g) fois h) passe i) chez

22. Complete: a) bavarde b) chez c) plus d) roman e) amis f) agréable g) temps h) jours i) habitude j) passionnant
k) souvent l) escalade m) fatigant n) musculation o) course/pied p) dangereux q) marcher

23. Translate into French: a) Pendant mon temps libre je ne fais rien b) premièrement, j'aime courir au parc
c) j'aime aussi marcher en centre-ville avec mon petit ami d) j'aime aussi nager et aller au gymnase
e) en/de plus j'aime beaucoup lire f) en ce moment je ne lis pas souvent g) après les examens je lirai plus
h) finalement, je joue au piano, à la batterie et à la guitare

Write a paragraph in the FIRST person (I) for Didier and Marianne and one in the THIRD person (he) for Jacques using the prompts given in the grid.

Didier: Tous les matins, je fais de la course à pied/du footing avant d'aller à l'école. Je vais à la piscine deux fois par semaine. Je vais au gymnase tous les jours. Je passe trois heures par jour sur internet. Je joue aux jeux en ligne très souvent. Je pense que le football c'est ennuyeux. Je regarde rarement la télévision.

Marianne: Tous les matins, je fais du vélo avant d'aller à l'école. Je vais à la piscine du gymnase deux fois par semaine. Je vais au parc près de chez moi tous les jours. Je passe beaucoup d'heures par jour sur internet. Je bavarde avec mes amis en ligne très souvent. Je pense que Facebook est ennuyeux. Je vais rarement au cinéma.

Jacques: Il va courir /faire de la course à pied tous les matins avant l'école. Il va au centre sportif deux fois par semaine pour faire de l'ecalade. Il va au cinéma tous les samedis. Il se détend en écoutant de la musique. Il utilise Facebook très souvent. Il pense que la musique hip hop est ennuyeuse. Il lit rarement des livres.

Unit 4. Describing a typical day in school

Je me lève *[I get up]* Je sors de la maison *[I leave home]* Je vais au collège *[I go to school]*	à *[at]* vers *[around]*	six heures *[6:00am]* sept heures et quart *[7:15am]* sept heures et demie *[7:30am]*

J'y vais *[I go there]*	à pied *[on foot]* en vélo *[by bike]* en autobus *[by bus]*	en métro *[by underground train]* en voiture *[by car]* en train *[by train]*

J'arrive à l'école *[I arrive at school]* Les cours commencent *[Lessons start]*	à *[at]* vers *[around]*	huit heures *[8:00am]*

J'ai ... cours *[I have... lessons]*	dans la matinée *[in the morning]* dans l'après-midi *[in the afternoon]*

Le lundi, *[On Mondays]*	mon premier cours c'est *[my first lesson is]* mon deuxième cours c'est *[my second lesson is]* mon troisième cours c'est *[my third lesson is]* mon dernier cours c'est *[my last lesson is]*	espagnol *[Spanish]* dessin *[art]* maths *[maths]* sciences *[science]*

La récréation est *[Breaktime is]*	à *[at]* vers *[at around]*	9 heures *[9:00am]* 9 heures et demie *[9:30am]*

Pendant la récréation, *[During breaktime]*	je joue au basket *[I play basketball]* je mange un sandwich *[I eat a sandwich]*

La pause-déjeuner est à *[Lunch break is at]*	midi *[midday]* une heure *[1:00pm]*

D'habitude je mange *[Usually I eat]*	des frites *[chips]* des fruits *[fruit]*	des légumes *[vegetables]* des pâtes *[pasta]*	un steak *[a steak]* une salade *[a salad]*

Les cours finissent à *[Lessons finish at]* Je quitte l'école vers *[I leave school around]*	trois heures *[3:00pm]* trois heures et demie *[3:30pm]*

D'habitude, *[Usually]*	je vais au club *[I go to the ... club]*	de basket *[basketball]* d'échecs *[chess]*	de musique *[music]* de théâtre *[drama]*

1. Match up

Je me lève	I leave home
Je sors de la maison	I go to school
Je vais au collège	My first lesson
J'y vais à pied	I go there by bike
J'y vais en voiture	During break
J'y vais en vélo	During lunch break
Mon premier cours	Lessons end
Pendant la récréation	I go there by car
Pendant la pause-déjeuner	Usually I eat
Les cours finissent	After school
D'habitude je mange	Lessons begin
Après l'école	I go there on foot
Les cours commencent	My second lesson
Mon deuxième cours	I get up

2. Complete with the missing word using the options in the grid below

a. Je me _____ [I get up]

b. Mon _____ cours
[My first lesson]

c. J'_____ vais à pied
[I go there on foot]

d. _____ la récréation [During break]

e. Les _____ commencent
[Lessons start]

f. J'y _____ en vélo
[I go there by bike]

g. Mon deuxième _____
[My second lesson]

h. D'habitude, je mange à _____
[Usually I eat at midday]

pendant	y	vais	cours
premier	cours	lève	midi

3. Translate into English

a. Je me lève:

b. Je sors de la maison:

c. J'arrive à l'école:

d. Les cours commencent:

e. Les cours finissent:

f. Le lundi:

g. Mon premier cours:

h. Mon dernier cours:

i. D'habitude:

j. La pause-déjeuner:

k. Pendant la récréation:

l. Après l'école:

m. Je mange des légumes:

4. Guess the phrases and complete them

a. J_____ m___ l_____

b. M___ p_____ c_____

c. P_____ l___ r_____

d. L___ c_____ c_____

e. Je _____ a___ c_____

f. A_____ l'é_____

g. J__ s_____ d__ l__ m_____

h. L___ c_____ f_____

5. Sort the following words into categories in the table below

1. vélo 2. voiture 3. fruits 4. salade 5. guitare 6. matinée 7. train 8. pâtes 9. basket
10. échecs 11. théâtre 12. après-midi 13. autobus 14. foot 15. musique 16. soir 17. midi

Quand? [when]	Passe-temps [hobbies]	Nourriture [food]	Moyens de transport [means of transport]

6. Gapped translation

a. Je me lève vers sept heures: *I _____ around seven*

b. Je sors de la maison vers huit heures: *I _____ around eight*

c. Dans la matinée j'ai trois cours: *In the _____ I have three lessons*

d. Mon premier cours le lundi c'est maths: *My first lesson on _____ it's maths*

e. Après l'école, je vais au club d'échecs: *After school I go to the _____ club*

f. D'habitude, je vais au club de musique: *_____ I go to the music club*

g. Pendant la récréation, je discute avec mes amis: *During break, I chat _____*

h. Le vendredi mon deuxième cours, c'est sciences: *On Fridays, my _____ lesson is science*

7. Broken words

1. éc-	a. -tte *[I leave]*
2. voi-	b. -urs *[lesson]*
3. d'habi-	c. -hecs *[chess]*
4. ve-	d. -cute *[chat]*
5. co-	e. -ture *[car]*
6. je qui-	f. -tude *[usually]*
7. éco-	g. -rs *[around]*
8. dis-	h. -le *[school]*

8. Complete with suitable words

a. Je me lève __ __ __ __ six heures du matin

b. Je sors __ __ la maison vers sept heures

c. Je __ __ __ __ __ au collège

d. J'__ vais __ pied

e. Je __ __ __ __ au basket

f. Les __ __ __ __ __ commencent à huit heures moins vingt

g. La __ __ __ __ __ __ __ __ __ est à neuf heures vingt-cinq

h. Les cours finissent __ deux heures vingt

i. Après l'école je vais au club d'__ __ __ __ __ __

9. Multiple choice quiz

	a	b	c
I get up	je me douche	je me lève	j'arrive
I leave my home	je vais à la maison	je rentre à la maison	je sors de la maison
I go there	j'y vas	j'y vais	j'y va
Lessons start	les cours finissent	les cours se terminent	les cours commencent
On Mondays	au lundi	le lundi	lundis
During	pendant	de	après
Lessons	cours	courses	courts
School	l'échelle	scolaire	l'école
I leave school	je quitte l'école	je vais de l'école	je rentre à l'école
Such as	parce que	dans	comme
Usually	vers	pendant	d'habitude

10. Rewrite the word in bold correctly in the space provided

a. Le mardi mon **mierpre** cours, c'est maths: _____

b. Je vais au collège à **diep**: _____

c. **endtanp** la récréation je discute avec mes amis: _____

d. Je **osrs** de la maison: _____

e. Mon **eudxmèei** cours: _____

f. Dans la **eétinma**: _____

g. D'**eabhtuid** je mange: _____

h. Je **ittuqe** l'école: _____

11. Faulty translation: spot and correct the wrong translations (note: not all the translations are incorrect)

a. Je me lève: *I wash*

b. J'y vais: *I go there*

c. Pendant la récréation: *After break*

d. Les cours commencent: *Lessons end*

e. Il y a des activités extrascolaires: *I have extra-curricular activities*

f. Je quitte l'école: *I arrive at school*

g. Pendant la pause-déjeuner: *During lunch break*

h. A pied: *By car*

12. Slalom translation – translate the following sentences ticking the relevant boxes in the grid below as shown in the example. Proceed from top to bottom

1. I get up around six thirty
2. I go to school on foot
3. I go there with my brother
4. Every day I have five lessons
5. On Mondays my first lesson is French
6. During lunch break I eat pasta and meat

Je me (1)	Je vais	J'y	Tous les jours	Le lundi	Pendant
la pause-déjeuner	j'	au	vais	mon	**lève (1)**
vers (1)	premier cours	je mange	collège	avec	ai
cinq	des pâtes et	**six heures (1)**	mon	c'est	à
et demie (1)	pied	frère	français	cours	de la viande

D'habitude, je me lève assez tôt, vers six heures du matin. Puis, je prends une douche, je prends le petit-déjeuner et je mets mon uniforme. Je quitte la maison à sept heures et quart pour aller au collège. D'habitude, j'y vais à pied ou en vélo, mais s'il pleut, j'y vais en voiture. En général, j'arrive au collège vers sept heures et demie. Dans la matinée j'ai trois cours et dans l'après-midi j'en ai deux. J'ai cinq cours en tout par jour. Le lundi, mon premier cours c'est sciences et mon dernier cours, c'est espagnol. La récréation c'est à neuf heures et quart et la pause-déjeuner c'est à midi moins cinq. Pendant la pause-déjeuner, je mange un morceau avec mes camarades de classe et après on joue au basket ou au foot. Les cours se terminent à deux heures et demie. Après, il y a beaucoup d'activités extrascolaires. Moi, je vais au club d'informatique, car un jour je veux être programmeur. D'habitude, je rentre chez moi vers quatre heures. **(Jean-Marc, 16 ans)**

13. Find in Jean Marc's text the French equivalent for the following

a. Usually:

b. I get up:

c. I shower:

d. I put on:

e. I leave home:

f. I go there:

g. In the morning:

h. In the afternoon:

i. Last:

j. Lunch break:

k. I have a bite to eat:

l. Lessons end:

m. Because:

n. One day:

o. I want to be:

p. I go back home:

14. Gapped translation

a. Usually Jean-Marc gets up quite _____

b. He leaves home at _____

c. He usually goes to school on foot or _____

d. When it _____ he goes there by car

e. Every day he has _____ lessons in total

f. On Monday, his _____ lesson is Spanish

g. During lunch break he _____ and plays football or basketball with his classmates

h. There are many _____ activities after school

i. He goes to the information technology club because one day he _____

15. Translate into English the following phrases taken from Jean-Marc's text

a. D'habitude je me lève assez tôt

b. Je prends une douche

c. Je mets mon uniforme

d. J'y vais à pied

e. J'ai cinq cours en tout

f. Mon premier cours

g. La pause-déjeuner c'est à midi moins cinq

16. Answer in French

a. A quelle heure se lève-t-il?

b. Comment va-t-il au collège quand il pleut?

c. Combien de cours a-t-il?

d. Quel est son dernier cours le lundi?

e. Qu'est-ce qu'il fait pendant la pause-déjeuner?

f. A quelle heure finissent les cours?

g. Que fait-il après l'école?

h. A quelle heure rentre-t-il chez lui?

THE LANGUAGE GYM

D'habitude, je me lève assez tôt, vers six heures et demie du matin. Puis, je me lave, je prends le petit-déjeuner et je mets mon uniforme. Je quitte la maison à sept heures et demie pour aller au collège. D'habitude, j'y vais en vélo, mais s'il pleut j'y vais en autobus. En général j'arrive à l'école dix minutes avant le début des cours. Dans la matinée, j'ai trois cours et dans l'après-midi j'en ai un. Quatre cours d'une heure et dix minutes chacun en tout. Le lundi, mon premier cours c'est chimie et mon dernier c'est allemand. La récréation c'est à neuf heures moins le quart et la pause-déjeuner c'est à une heure moins vingt. Pendant la pause-déjeuner je mange des pâtes à la cantine et je rigole avec mes copines. Les cours finissent à trois heures moins vingt. Après, il y a beaucoup d'activités extrascolaires. Moi, je vais au club de littérature, car un jour je vais être romancière. Après ça, je vais au parc près de l'école avec mon petit copain. D'habitude je rentre chez moi vers quatre heures et demie. (**Muriel, 15 ans**)

18. Spot the wrong statements and correct them

a. Muriel se lève très tôt le matin.

b. Il ne faut pas porter l'uniforme dans son collège.

c. Elle part de la maison vers huit heures.

d. Elle va au collège en voiture.

e. Elle arrive au collège cinq minutes avant que les cours commencent.

f. Chaque jour il y a quatre cours.

g. La pause-déjeuner est à 12:40.

h. Elle ne déjeune pas.

i. A l'avenir elle sera romancière.

j. Elle arrive à la maison vers six heures.

k. Elle va au parc avec sa meilleure copine.

l. Les cours se terminent à 2:40.

m. Les cours durent 70 minutes.

n. Elle n'étudie pas de langue étrangère.

17. Answer in English

a. At what time does Muriel get up?

b. What is the first thing she does after getting up?

c. At what time does she leave home?

d. How does she usually go to school?

e. When does she get to school?

f. How many lessons does she have in the afternoon?

g. How long does a lesson last?

h. What is her last lesson on a Monday?

i. What does she do at lunchtime?

j. What is her extra-curricular activity on Mondays?

k. What happens at 4:30?

19. Translate into English

a. Je me lave

b. Mon petit copain

c. Je rentre chez moi

d. Mon dernier cours

e. Un jour je vais être

f. Une heure moins vingt

g. Pendant la pause-déjeuner

h. D'habitude

i. J'y vais

j. Très tôt le matin

20. Translate into French

a. I get up at six: J_ m_ l___ _ s__ h_____

b. On Mondays my first lesson is art: L_ l____ m__ p_____ c____ c'__ d_____

c. I go there on foot with my friend Gabriel: J'_ v___ _ p__ a___ m__ a__ Gabriel

d. I have three lessons in the morning: J'__ t____ c____ l_ m____

e. During break I eat in the canteen: P_____ l_ r_____ j_____ _ l_ c_____

f. Lessons end at three thirty: L__ c____ f_____ t___ h____ e_ d____

g. After school I go to the chess club: A____ l'_____ j_ v___ a_ c___ d'_____

---

21. Translate into French

a. Usually I get up very early.

b. I leave home at 7:30 to go to school.

c. I go to school on foot or by bike.

d. However, if it's rainy I go there by bus.

e. I usually arrive at school at 7:45.

f. Lessons start at 8:10.

g. On Thursdays, my first lesson is Spanish.

h. My last lesson is chemistry, I hate this subject.

i. After school I go to the art club.

j. When I get home I have a shower, I listen to some music, then I do my homework for two hours.

---

22. Correct the spelling/grammar errors

a. Ma premier cours c'est maths

b. Je me leve vers six heures

c. Je vais au collège sur pied

d. Sur lundi j'ai sciences

e. Mon dernière cours c'est EPS

f. D'habitude, pendant la recreation je joue au basket avec mons amis

g. La pause-dejeuner est a midi

h. Les cours finit a trois heures

Write a paragraph in the FIRST person (I) for Laetitia and the THIRD person (he) for Martin using the prompts given in the grid.

	Morning	Afternoon	Evening
Laetitia	<ul><li>Wakes up at 6:30</li><li>Leaves home to go to school at 7:30</li><li>On Mondays first lesson is English</li></ul>	<ul><li>Lunch break is at 12:20</li><li>Last lesson is French</li><li>Lessons finish at 3:20</li><li>After school goes to weightlifting club</li><li>Goes back home at 4:30</li></ul>	<ul><li>Rests a bit</li><li>Does homework for two hours</li><li>Chats with boyfriend</li><li>Has dinner with family</li><li>Watches a movie</li></ul>
Martin	<ul><li>Wakes up at 6:45</li><li>Leaves home to go to school at 7:30</li><li>On Fridays first lesson is Art</li><li>Second lesson is Physical Education</li></ul>	<ul><li>Lunch break is at 12:45</li><li>Last lesson is geography</li><li>Lessons finish at 3:45</li><li>After school goes to cooking club</li><li>Goes back home around five</li></ul>	<ul><li>Drinks tea</li><li>Does homework for one hour</li><li>Goes to the gym</li><li>Has dinner with friends</li><li>Goes on social media</li></ul>

Key questions

Parle-moi d'une journée scolaire typique.	*Tell me about a typical school day.*
A quelle heure tu te lèves?	*At what time do you get up?*
A quelle heure quittes-tu la maison le matin pour aller au collège?	*At what time do you leave home in the morning to go to school?*
Comment vas-tu au collège?	*How do you go to school?*
A quelle heure arrives-tu au collège?	*At what time do you get to school?*
A quelle heure commencent et finissent les cours?	*At what time do lessons start and finish?*
Tu as combien de cours par jour?	*How many lessons a day do you have?*
Quelle est ton premier cours le lundi?	*What is your first lesson on Mondays?*
A quelle heure est la récréation?	*At what time is break?*
Que fais-tu pendant la récré?	*What do you do during break?*
A quelle heure est la pause-déjeuner?	*At what time is lunch break?*
Que fais-tu pendant la pause-déjeuner?	*What do you do during lunch break?*
Quel est ton dernier cours le lundi?	*What is your last lesson on Monday?*
Quelles activités extrascolaires y a-t-il dans ton école?	*What extracurricular activities are there in your school?*
Que fais-tu comme activité extrascolaire?	*What extracurricular activities do you do?*

ANSWERS – Unit 4

1. Match up: je me lève – I get up   je sors de la maison – I leave home   je vais au collège – I go to school
j'y vais à pied – I go there on foot   j'y vais en voiture – I go there by car   j'y vais en vélo – I go there by bike
mon premier cours – my first lesson   pendant la récréation – during break   pendant la pause-déjeuner – during lunch break
les cours finissent – lessons end   d'habitude je mange – usually I eat   après l'école – after school
les cours commencent – lessons begin   mon deuxième cours – my second lesson

2. Complete with the missing word: a) lève   b) premier   c) y   d) pendant   e) cours   f) vais   g) cours   h) midi

3. Translate: a) I get up   b) I leave home   c) I arrive at school   d) lessons start   e) lessons finish   f) on Monday
g) my first lesson   h) my last lesson   i) usually   j) lunch break   k) during break   l) after school   m) I eat vegetables

4. Guess the phrases: a) je me lève   b) mon premier cours   c) pendant la récréation   d) les cours commencent
e) je vais au collège   f) après l'école   g) je sors de la maison   h) les cours finissent

5. Sort the words: quand: 6 ; 12 ; 16 ; 17   passe-temps: 5 ; 9 ; 10 ; 11 ; 14 ; 15   nourriture: 3 ; 4 ; 8
moyens de transports: 1 ; 2 ; 7 ; 13

6. Gapped translation: a) get up b) leave the house c) morning d) Monday e) chess f) usually g) with my friends h) second

7. Broken words: 1-c   2-e   3-f   4-g   5-b   6-a   7-h   8-d

8. Complete: a) vers   b) de   c) vais   d) y/à   e) joue   f) cours   g) récréation   h) à   i) échecs

9. Multiple choice quiz: b ; c ; b ; c ; b ; a ; a ; c ; a ; c ; c

10. Rewrite the word: a) premier   b) pied   c) pendant   d) sors   e) deuxième   f) matinée   g) habitude   h) quitte

11. Faulty translation: a) I get up   b) -   c) during break   d) lessons start   e) there are extra-curricular activities
f) I leave school   g) -   h) on foot

12. Slalom translation: a) je me lève vers six heures et demie   b) je vais au collège à pied   c) j'y vais avec mon frère
d) tous les jours j'ai cinq cours   e) le lundi mon premier cours c'est français
f) pendant la pause-déjeuner je mange des pâtes et de la viande

13. Find: a) d'habitude b) je me lève c) je prends une douche d) je mets e) je quitte la maison f) j'y vais
g) dans la matinée   h) dans l'après-midi   i) dernier   j) la pause-déjeuner   k) je mange un morceau l) les cours finissent
m) car   n) un jour   o) je veux être   p) je rentre chez moi

14. Gapped translation: a) early b) 7.15 c) bike d) rains e) 5   f) last g) has a bite to eat h) extra-curricular
i) wants to become a programmer

15. Translate: a) normally I get up quite early   b) I take a shower   c) I put on my uniform   d) I go there on foot
e) I have five lessons in total   f) my first lesson   g) lunch break is at 11.55

16. Answer: a) vers six heures b) en voiture c) 5 d) espagnol
e) il mange un morceau et il joue au foot ou il joue au basket avec ses amis   f) deux heures et demie
g) il va au club d'informatique h) vers quatre heures

17. Answer: a) around 6.30   b) she gets washed   c) 7.30am   d) by bike   e) 10 min before lessons start f) one
g) 1 hour 10   h) German i) she eats pasta in the canteen and has a laugh with her friends j) reading club k) she goes home

18. Spot the wrong statements: a) assez tôt   b) il faut porter l'uniforme   c) 7.30   d) en vélo   e) 10 min avant   f) -   g) -
h) elle mange des pâtes   i) -   j) 4.30   k) avec son petit copain   l) -   m) -   n) elle étudie l'allemand

19. Translate: a) I get washed   b) my boyfriend   c) I go back home   d) my last lesson   e) one day I will be   f) 12.40
g) during lunch break   h) usually   i) I go there   j) very early in the morning

20. Translate into French: a) je me lève à six heures   b) le lundi mon premier cours c'est dessin
c) j'y vais à pied avec mon ami Gabriel   d) j'ai trois cours le matin   e) pendant la récréation je mange à la cantine
f) les cours finissent à trois heures et demie   g) après l'école je vais au club d'échecs

21. Translate: a) d'habitude je me lève très tôt   b) je quitte la maison à sept heures et demie pour aller au collège
c) Je vais au collège à pied ou en vélo   d) cependant s'il pleut j'y vais en bus
e) d'habitude j'arrive au collège à huit heures moins le quart/sept heures quarante-cinq
f) les cours commencent à huit heures dix   g) le jeudi ma première leçon c'est espagnol
h) mon dernier cours c'est chimie, je déteste cette matière   i) après le collège je vais au club de dessin/art
j) quand je rentre à la maison je prends une douche, j'écoute de la musique, puis je fais mes devoirs pendant deux heures

22. Correct the spelling/grammar errors: a) mon   b) lève   c) **à** pied   d) **le** lundi   e) dernier   f) récréation/mes amis
g) déjeuner/à   h) finissent/à

Write a paragraph in the FIRST person (I) for Laetitia and the THIRD person (he) for Martin using the prompts given in the grid

Laetitia: Le matin, je me lève à six heures et demie et je quitte la maison pour aller à l'école à sept heures et demie. Le lundi, mon premier cours c'est anglais. L'après-midi, j'ai ma pause-déjeuner à midi vingt et mon dernier cours c'est français. Les cours finissent à trois heures vingt. Après le collège, je vais au club de musculation et je rentre à la maison à quatre heures trente/quatre heures et demie. Le soir, je me repose un peu, je fais mes devoirs pendant deux heures, je discute avec mon petit copain, je mange mon dîner en famille et je regarde un film.

Martin: Le matin, il se lève à sept heures moins le quart et il quitte la maison pour aller au collège à sept heures et demie. Le vendredi, son premier cours c'est dessin/art et le deuxième cours c'est EPS/sport/éducation physique. L'après-midi, il a sa pause-déjeuner à une heure moins le quart/midi quarante-cinq et son dernier cours c'est géographie. Les cours finissent à quatre heures moins le quart/trois heures quarante-cinq et après le collège il va au club de cuisine. Il rentre à la maison/chez lui vers cinq heures. Le soir, il boit du thé, il fait ses devoirs pendant une heure et il va à la gym. Il dîne avec ses amis et il va sur les réseaux sociaux.

Unit 5. Describing what you do after school

Je rentre chez moi [*I go back to mine*] **Je rentre à la maison** [*I go back home*]	**vers** [*around*] **à** [*at*]	**trois heures et quart** [*3.15*] **quatre heures et demie** [*4.30*] **six heures moins le quart** [*5.45*]

Je rentre [*I go back*]	**en bus** [*by bus*] **en voiture** [*by car*]	**à pied** [*by foot*] **à vélo** [*by bike*]

Puis [*Then*]	**je joue sur mon ordinateur** [*I play on my computer*] **je lis un livre** [*I read a book*] **je me détends un peu** [*I relax a bit*] **je me douche** [*I shower*] **je prends le goûter** [*I have a snack*] **je promène le chien** [*I walk the dog*] **je sors avec ma copine/mon copain** [*I go out with my friend (fem/masc)*] **je sors avec mes copains** [*I go out with my friends*] **je vais au gymnase** [*I go to the gym*] **je vais sur les réseaux sociaux** [*I go on social medias*]

Pour le goûter je mange [*For snack I eat*]	**des biscuits** [*some biscuits*] **du gâteau** [*some cake*] **un sandwich** [*a sandwich*]	**et** [*and*]	**je bois** [*I drink*]	**du café** [*some coffee*] **du coca** [*some coca-cola*] **du thé** [*some tea*]

Ensuite [*Then*]	**je dîne** [*I have dinner*] **je fais mes devoirs** [*I do my homework*] **je fais une balade à vélo** [*I go for a bike ride*] **je vois ma copine/mon copain** [*I see my friend (fem/masc)*]

Après le dîner [*After dinner*]	**je fais la vaisselle** [*I do the washing up*] **je me détends en écoutant de la musique** [*I relax while listening to music*] **je regarde la télé** [*I watch TV*] **je sors avec des copains** [*I go out with friends*]

Avant de me coucher [*Before going to bed*]	**j'écoute de la musique** [*I listen to music*] **je joue sur mon portable** [*I play on my phone*] **je lis un roman** [*I read a novel*]	**je me brosse les dents** [*I brush my teeth*] **je me douche** [*I shower*] **je prends un bain chaud** [*I take a hot bath*]

Je me couche [*I go to bed*]	**à** [*at*] **vers** [*around*]	**dix heures et demie** [*10.30*] **onze heures** [*11.00*] **minuit** [*00.00*]

1. Match up

Je rentre chez moi	I rest
Je ne fais rien	I do my homework
Je me détends	I go back to mine
Je me repose	I go for a walk
Je fais mes devoirs	I go to the shopping mall
Je me balade	I don't do anything
Je vais à la galerie marchande	I sleep
Je joue aux jeux en ligne	I do the washing-up
Je dors	I help my mother
Je fais la sieste	I take a nap
Je fais la vaisselle	I play online games
J'aide ma mère	I relax
Je fais les tâches ménagères	I do the house chores

2. Complete the verbs with the missing letters

a. J'ai_ _ _ [I help]

b. Je v_ _s [I go]

c. Je jo_ _ [I play]

d. Je f_ _s [I do]

e. Je l_ _ [I read]

f. Je do_ _ [I sleep]

g. Je me bal_ _ _ [I go for a walk]

h. Je m_ _ _ _ [I eat]

i. Je me dét_ _ _ _ [I relax]

j. Je me rep_ _ _ [I rest]

k. Je pre_ _ _ [I take, have]

l. Je reg_ _ _ _ [I watch]

m. J'éco_ _ _ [I listen to]

n. Je ren_ _ _ [I go back home]

o. Je me co_ _ _ _ [I go to bed]

3. Faulty translation: spot and correct the wrong translations

a. Après l'école, je fais mes devoirs: *After school I do the washing-up*

b. Des fois, j'aide ma mère: *Sometimes, I help my mother*

c. Vers trois heures, je fais la sieste: *At three o'clock, I have a nap*

d. Avant de me coucher, je lis un roman:
Before going to bed, I read a book

e. Je passe une heure sur mon ordinateur:
I surf the internet for one hour

f. Je ne fais rien: *I don't do anything*

g. Je vais sur les réseaux sociaux: *I go shopping*

h. Je vais au centre commercial: *I go to the shopping mall*

4. Tangled translation – some words in the translation below have been left in English. Translate them into French

a. Je passe une heure on my computer

b. Des fois je fais the washing-up

c. Je return home vers quatre heures

d. Avant d' going to bed je lis un roman

e. Le soir, après le dîner, je vais sur the social media

f. Je go to bed vers minuit

g. L'afternoon, après l'école, je play with my friends ou je vais au shopping mall

h. Vers trois heures je do la sieste

5. Break the flow

a. D'habitudejerentredel'écoleàpied

b. Puisjemedétendsenécoutantdelamusique

c. Pourlegoûterjenemangepasbeaucoup

d. Engénéraljeprendsduthéetungâteauauchocolat

e. Jefaismesdevoirsdecinqheuresàsixheures

f. Puisjesorsavecmonmeilleurcopain

g. Souventnousallonsaucentrecommercial

h. Desfoisjevaisauparcavecmapetitecopine

i. Avantdemecoucherjemedoucheetjelisunroman

6. Translate into English

a. Je prends un bain

b. Avant de me coucher

c. Je rentre chez moi

d. Je me repose

e. Je fais une sieste

f. Je me détends

g. Je joue aux jeux en ligne

h. Je ne fais rien

i. Je me brosse les dents

j. Je prends le goûter

7. Fill the gaps

a. _____ l'école, je rentre _____ moi en bus. *[After school, I go back home by bus]*

b. Je _____ mes devoirs _____ cinq _____ six heures. *[I do my homework from five to six]*

c. Je ne fais _____. Je me _____ en écoutant de la musique.

[I don't do anything. I relax listening to music]

d. Pour le _____ je mange du _____ _____ avec de la _____.

[For snack I have some toast with jam]

e. Puis, je _____ avec mon _____ copain. *[Then I go out with my best friend]*

f. Souvent, je _____ au _____ _____ avec ma copine.

[I often go to the shopping mall with my girlfriend]

g. Après le _____ je fais la _____. *[After dinner I do the washing-up]*

h. _____ de me _____, je _____ un roman. *[Before going to bed I read a novel]*

8. Spot the missing word and add it in

a. Je fais vaisselle

b. Je fais mes devoirs de cinq six heures

c. Je fais rien

d. Je repose

e. Je vais au parc avec petite copine

f. Avant me coucher je lis un roman

g. Après l'école je vais gymnase

h. Je joue jeux en ligne

i. Je détends en écoutant de la musique

j. Je prends douche

k. Je regarde une série la télévision

l. Je fais une balade vélo

9. Match questions and answers

A quelle heure te lèves-tu? (1)	Trois heures par jour
Que manges-tu? (2)	Ma petite copine
A quelle heure sors-tu de l'école? (3)	Vers minuit
Comment rentres-tu chez toi? (4)	Je fais la vaisselle
Quand fais-tu tes devoirs? (5)	De six heures à sept heures
Que fais-tu pour aider ta mère à la maison? (6)	Je vais sur les réseaux sociaux
Où vas-tu te balader? (7)	En bus
Avec qui? (8)	Vers trois heures de l'après-midi
Que fais-tu sur internet? (9)	Un roman
Combien de temps passes-tu sur ton ordinateur? (10)	**Vers six heures du matin (1)**
A quelle heure te couches-tu? (11)	Des céréales avec du lait
Qu'est-ce que tu lis avant de te coucher? (12)	Au jardin public

10. Split sentences – form logical sentences joining one bit from each column

Je lis	rien
Avant de me	les réseaux sociaux
Je me détends, en	chez moi
Je ne fais	un roman
Je vais sur	devoirs
Je fais mes	coucher, je me douche
Je rentre	écoutant de la musique
Je mange	douche
Je prends une	des biscuits
je fais la	sieste

11. Complete as appropriate

a. Je me _____ à six heures

b. Je mange des céréales avec du _____

c. Je fais mes _____

d. Je fais une _____ à vélo

e. Je sors avec ma _____

f. Je prends une _____

g. Je me détends en _____ de la musique

h. Avant de me_____ je lis un roman

12. Arrange these actions in the correct order in which they usually occur

Je me réveille	1
Après le petit-déjeuner je me douche	
Je prends le petit-déjeuner	
Je vais au collège	
Les cours se terminent	
Je me lève	
Je rentre chez moi	
Je quitte le collège	
Je prends le goûter	
Je dîne	
Je me couche	
Avant de me coucher je lis un roman	

13. Translate into French

a. I get up

b. after dinner

c. I go to bed

d. I shower

e. I have the afternoon snack

f. I have a nap

g. I go out with my friends

h. I relax listening to music

i. I go back home

j. I read a novel

14. Slalom translation: translate the sentences in the grey column by selecting and numbering off the appropriate boxes as shown in the example

Je sors (1)	école	jamais	à pied	**I go out with my girlfriend (1)**
Je ne	sur	mon	mes devoirs	I never do my homework (2)
Je joue	**avec (1)**	faisant une balade	sociaux	I go on social media (3)
Je vais sur	fais	réseaux	portable	I play on my mobile phone (4)
Je me détends	les	**ma (1)**	à vélo	I relax going for a bike ride (5)
Après l'	je ne	je me douche	**petite copine (1)**	I come back home on foot (6)
L'après-midi	chez	fais	et je fais la sieste	After school I shower and I have a nap (7)
Je rentre	en	je fais	la vaisselle	After dinner I do the washing-up (8)
Après le	dîner	moi	rien	In the afternoon I don't do anything (9)

15. Match up

Une balade à vélo	My girlfriend
Les réseaux sociaux	The washing-up
Avant le dîner	Usually
Une sieste	Before dinner
Un portable	In the afternoon
D'habitude	A mobile phone
Ma petite copine	A nap
La vaisselle	A bike ride
L'après-midi	In the evening
Le soir	Social media
Après l'école	After school

16. Guess the mystery phrases

a. A_ _ _ _   d_ m_ c_ _ _ _ _ _

b. L'a_ _ _ _ - m_ _ _

c. u_ _ b_ _ _ _ _ à v_ _ _

d. J_ m_ c_ _ _ _ _

e. J_ m_ d_ _ _ _ _ _

f. L_ s_ _ _

g. L_ _ r_ _ _ _ _ _ s_ _ _ _ _ _

h. D'h_ _ _ _ _ _ _

17. Sentence puzzle: arrange the words below in the correct order

a. l'après-midi D'habitude je douche prends et une sieste fais une je

b. En rentre général, je du à collège pied

c. Le je me en détends lisant un soir roman

d. de sur coucher je Avant joue portable me mon

e. Après l'école une j'aime au parc balade à faire vélo

f. Pour je prends du le goûter avec de la confiture pain grillé

g. Avant je vais les sur le dîner réseaux sociaux

h. D'habitude me minuit je avant couche

Questions: Qu'est-ce que tu fais après l'école?

Réponses:

Jean-Marc: «Je me détends chez moi en écoutant de la musique ou en jouant aux jeux en ligne. »

Fabrice: « Je me douche tout de suite, puis je prends le goûter et je fais une sieste. »

Suzanne: « J'appelle mon petit copain et puis j'aide ma mère avec les tâches ménagères. »

Jacques: « Je fais une balade à vélo avec mes copains. »

Laetitia: « Je fais de la course à pied dans le parc près de chez moi. »

Alexandre: « Je vais au centre commercial près de l'école avec mes copains. »

Gina: « Je fais du lèche-vitrine au centre commercial près de chez moi. »

Pierre: « Je rentre chez moi et je fais mes devoirs. »

18. Find someone who

a. Who has some food and a nap after school?

b. Who goes running?

c. Who goes to the shopping mall with their friends?

d. Who goes window-shopping in a shopping centre near their house?

e. Who does their homework after returning home?

f. Who goes for a bike ride?

g. Who showers immediately?

h. Who plays online games?

i. Who does the house chores?

19. Find the French equivalent in the texts

a. I go for a bike ride

b. I go running

c. I go to the shopping mall

d. I go window shopping

e. I go back to mine

f. With my friends

g. I help my mother

h. Whilst listening to music

i. With the house chores

j. The afternoon snack

k. I take a nap

l. I relax

20. Translate into French

a. After school I take a shower: A_____ l'_____ j___ m____ d_____

b. I help my mother with the house chores: J'_____ m___ m_____ a_____ l___ t_____ m_____

c. I go to the shopping mall near my house: J_ v_____ a_ c_____ c_____ p____ d__ c_____ m____

d. I go for a bike ride: J__ f_____ u____ b_____ à v_____

e. I relax listening to music: J__ m__ d_____ e___ é_____ d__ l_ m_____

f. I have the afternoon snack around four: J__ p_____ l__ g_____ v_____ q_____ h_____

D'habitude, je me lève vers six heures et demie. Puis je me douche, je me coiffe et je me brosse les dents. Ensuite, je mets mon uniforme et je prépare mon sac. Vers sept heures, je prends le petit-déjeuner avec mon frère et ma sœur. Vers sept heures et demie, nous quittons la maison pour aller au collège. On y va à pied, mais s'il pleut on y va en bus.

Les cours commencent à huit heures vingt et se terminent à trois heures vingt. C'est une longue journée! Après l'école, d'habitude je vais au club d'informatique. Ça dure une heure. Après ça, je vais au centre commercial près de mon école avec ma petite copine. On prend quelque chose à boire, un café, un orangina ou un coca. Après on va au parc pour se balader un peu. C'est sympa.

Vers cinq heures, je rentre chez moi. Je fais mes devoirs tout de suite. Je déteste ça. Je n'aime pas étudier. Je déteste surtout les devoirs de maths et de sciences. D'habitude, je finis mes devoirs vers sept heures. Puis, je vais sur les réseaux sociaux, surtout Facebook et Instagram. Je tchatte avec mes copains, on partage des photos et des vidéos marrantes.

En général, on dîne vers huit heures. Je ne mange pas beaucoup: de la viande ou du poisson avec des frites ou des légumes. C'est tout! Après ça, je vais dans ma chambre et je regarde un film ou une série sur Netflix. Vers dix heures, je prends une douche et je me détends en lisant un livre ou en écoutant de la musique. Puis, vers onze heures, je me couche. **(Marc, 16 ans)**

21. Find the French equivalent in the text

a. I style my hair:

b. Afterwards:

c. We leave the house:

d. We go there on foot:

e. If it rains:

f. They finish:

g. Usually:

h. It lasts an hour:

i. Shopping mall:

j. Near my school:

k. Something to drink:

l. A coffee:

m. To go for a walk:

n. Immediately:

o. I go on social media:

p. Vegetables:

q. That's all:

r. Into my room:

s. I relax whilst reading a book:

t. I go to bed:

22. Answer the questions

a. List five things Mark does before leaving for school

b. When does Mark go to school by bus?

c. What does he do with his girlfriend (3 details)

d. List 4 things he does before dinner

e. How much does he eat, usually?

f. How does he relax before going to bed (2 details)

23. Complete the translation (there are two extra words in the grid)

Après l'école, d'_____ je vais au club d'art dramatique. Ça _____ presque une heure. Après ça, je vais au _____ commercial près de mon école _____ mon petit copain. On _____ quelque chose à boire, un _____, un orangina ou un coca. Après on va au parc près de _____ pour se balader un peu. C'_____ sympa.

Vers six heures, je _____ chez moi. Je fais mes _____ tout de suite. J'aime bien étudier. J'aime surtout faire les devoirs de français et d'_____. D'habitude, je _____ mes devoirs jusqu'à huit heures. Je dîne_____ huit heures. Puis, je vais sur les _____sociaux, surtout Facebook et Instagram. Je tchatte avec mes _____, on partage des photos et des vidéos marrantes. Je _____ vers minuit. Avant de mes coucher, je prends une _____ et je me détends en écoutant de la _____. **(Monique, 17 ans)**

devoirs	me couche
habitude	pingouin
avec	réseaux
café	chez moi
rentre	centre
dure	vers
fais	prend
parc	copains
musique	douche
anglais	est

---

24. Translate into French

a. I come back from school

b. I shower

c. I do my homework

d. I read a novel

e. I rest

f. I don't do anything

g. I relax whilst listening to music

h. I call my boyfriend

i. I go to the gym

j. I have the afternoon snack

k. I go to the shopping centre

l. I go on social media

---

25. Write a paragraph for each person using 'je' for Julie and Martin and 'il' for Patrice

Julie	Martin	Patrice
▪ Comes back home at 4	▪ Comes back home at 5	▪ Comes back home at 4
▪ Showers and relaxes listening to music	▪ Showers and relaxes reading a book	▪ Showers and relaxes watching cartoons
▪ Does her homework	▪ Does his homework	▪ Goes for a bike ride with friends
▪ Goes to the gym	▪ Goes for a bike ride	▪ Does his homework
▪ Has dinner at 8	▪ Has dinner at 7	▪ Has dinner at 8.30
▪ Goes on social media	▪ Goes on social media	▪ Watches television
▪ Calls her boyfriend	▪ Calls his girlfriend	▪ Calls his girlfriend
▪ Goes to bed at 11	▪ Goes to bed at 10.30	▪ Goes to bed at midnight
▪ Before going to bed has a hot bath and reads a book	▪ Before going to bed has a hot shower and reads a book	▪ Before going to bed has a hot bath and reads a novel

Key questions

Parle-moi de ta journée typique.	*Tell me about a typical day of yours.*
Que fais-tu après l'école?	*What do you do after school?*
A quelle heure quittes-tu l'école?	*At what time do you leave school?*
Où vas-tu? Avec qui? Que fais-tu?	*Where do you go? Who with? What do you do?*
Comment rentres-tu chez toi?	*How do you go back home?*
A quelle heure rentres-tu à la maison?	*At what time do you get back home?*
Que fais-tu après être rentré?	*What do you do after returning home?*
Que manges-tu?	*What do you eat?*
A quelle heure fais-tu tes devoirs? De quelle heure à quelle heure? Pendant combien de temps?	*At what time do you do your homework? From what time to what time? How long for?*
Que fais-tu quand tu as fini tes devoirs?	*What do you do once you finished your homework?*
Que fais-tu pour aider à la maison?	*What do you do to help at home?*
À quelle heure dînes-tu d'habitude? Avec qui? Où? Que manges-tu pour le dîner?	*At what time do you usually dine? Who with? Where? What do you eat for dinner?*
Que fais-tu après le dîner?	*What do you do after dinner?*
Tu te couches à quelle heure?	*At what time do you go to bed?*
Que fais-tu avant de te coucher?	*What do you do before going to bed?*
Qu'est-ce que tu as fait hier soir?	*What did you do yesterday evening?*

ANSWERS – Unit 5

1. Match up: je rentre chez moi – I go back to mine   je ne fais rien – I don't do anything   je me détends – I relax
je me repose – I rest   je fais mes devoirs – I do my homework   je me balade – I go for a walk
je vais à la galerie marchande – I go to the shopping mall   je joue aux jeux en ligne – I play online games   je dors – I sleep
je fais la sieste – I take a nap   je fais la vaisselle – I do the washing-up   j'aide ma mère – I help my mother
je fais les tâches ménagères – I do the house chores

2. Complete the verbs with the missing letters: a) aide   b) vais   c) joue   d) fais   e) lis   f) dors   g) balade   h) mange
i) détends   j) repose   k) prends   l) regarde   m) écoute   n) rentre   o) couche

3. Faulty translation: a) my homework   b) -   c) around three   d) a novel   e) I spend one hour on my computer   f) -
g) I go on scocial media   h) -

4. Tangled translation: a) sur mon ordinateur   b) la vaisselle   c) rentre chez moi/rentre à la maison   d) aller au lit
e) les réseaux sociaux   f) vais au lit   g) l'après-midi/joue avec mes amis/centre commercial   h) fais

5. Break the flow: a) d'habitude je rentre de l'école à pied   b) puis je me détends en écoutant de la musique
c) pour le goûter je ne mange pas beaucoup   d) en géneral, je prends du thé et un gâteau au chocolat
e) je fais mes devoirs de cinq heures à six heures   f) puis je sors avec mon meilleur copain
g) souvent nous allons au centre commercial   h) des fois je vais au parc avec ma petite copine
i) avant de me coucher je me douche et je lis un roman

6. Translate into English: a) I take a bath b) before going to bed c) I go back to mine d) I rest e) I take a nap f) I relax
g) I play online games   h) I don't do anything   i) I brush my teeth   j) I have a snack

7. Fill the gaps: a) après/chez   b) fais/de/à   c) rien/détends   d) goûter/pain grillé/confiture   e) sors/meilleur
f) vais/centre commercial   g) dîner/vaisselle   h) avant/coucher/lis

8. Spot the missing word and add it in: a) **la** vaisselle   b) **à** six   c) **ne** fais   d) **me** repose   e) **ma** petite   f) **de** me
g) **au** gymnase   h) **aux** jeux   i) **me** détends   j) **une/ma** douche   k) **à la**   l) **à** vélo

9. Match questions and answers: (1) vers six heures du matin   (2) des céréales avec du lait
(3) vers trois heures de l'après-midi   (4) en bus   (5) de six heures à sept heures   (6) je fais la vaisselle
(7) au jardin public   (8) ma petite copine   (9) je vais sur les réseaux sociaux   (10) trois heures par jour
(11) vers minuit   (12) un roman

10. Split sentences: je lis un roman   avant de me coucher je me douche   je me détends en écoutant de la musique
je ne fais rien   je vais sur les réseaux sociaux   je fais mes devoirs   je rentre chez moi   je mange des biscuits
je prends une douche   je fais la sieste

11. Complete as appropriate: a) lève b) lait c) devoirs d) balade e) petite copine f) douche g) écoutant h) coucher

12. Arrange these actions in the correct order: 1; 4; 3; 5; 6; 2; 8; 7; 9; 10; 12; 11

13. Translate into French: a) je me lève   b) après dîner   c) je vais au lit   d) je me douche   e) je prends un goûter
f) je fais une sieste   g) je sors avec mes amis   h) je me détends en écoutant de la musique   i) je rentre chez moi
j) je lis un roman

14. Slalom translation: (1) je sors avec ma petite copine   (2) je ne fais jamais mes devoirs
(3) je vais sur les réseaux sociaux   (4) je joue sur mon portable   (5) je me détends en faisant une balade à vélo
(6) je rentre chez moi à pied   (7) après l'école je me douche et je fais la sieste   (8) après le dîner je fais la vaisselle
(9) l'après-midi je ne fais rien

15. Match up: une balade à vélo – a bike ride   les réseaux sociaux – social media   avant le dîner – before dinner
une sieste – a nap   un portable – a mobile phone   d'habitude – usually   ma petite copine – my girlfriend
la vaisselle – the washing -up   l'après-midi – in the afternoon   le soir – in the evening   après l'école – after school

16. Guess the mystery phrases: a) avant de me coucher   b) l'après-midi   c) une balade à vélo   d) je me couche
e) je me détends   f) le soir   g) les réseaux sociaux   h) d'habitude

17. Sentence puzzle: a) d'habitude l'après-midi je prends une douche et je fais une sieste
b) en général je rentre du collège à pied   c) le soir je me détends en lisant un roman
d) avant de me coucher je joue sur mon portable   e) après l'école j'aime faire une balade à vélo au parc
f) pour le goûter je prends du pain grillé avec de la confiture   g) avant le dîner je vais sur les réseaux sociaux
h) d'habitude je me couche avant minuit

18. Find someone who: a) Fabrice b) Laetitia c) Alexandre d) Gina e) Pierre f) Jacques g) Fabrice h) Jean-Marc
i) Suzanne

19. Find in the text the French equivalent: a) je fais une balade à vélo   b) je fais de la course à pied
c) je vais au centre commercial   d) je fais du lèche-vitrine   e) je rentre chez moi   f) avec mes copains   g) j'aide ma mère
h) en écoutant de la musique   i) avec les tâches ménagères   j) le goûter   k) je fais une sieste   l) je me détends

20. Translate into French: a) après l'école je me douche   b) j'aide ma mère avec les tâches ménagères
c) je vais au centre commercial près de chez moi   d) je fais une balade à vélo   e) je me détends en écoutant de la musique
f) je prends le goûter vers quatre heures

21. Find the French equivalent in the text: a) je me coiffe   b) ensuite   c) nous quittons la maison   d) on y va à pied
e) s'il pleut   f) se terminent   g) d'habitude   h) ça dure une heure   i) centre commercial   j) près de mon école
k) quelque chose à boire   l) un café   m) pour se balader   n) tout de suite   o) je vais sur les réseaux sociaux   p) légumes
q) c'est tout   r) dans ma chambre   s) je me détends en lisant un livre   t) je me couche

22. Answer: a) gets up, showers, styles his hair, brushes his teeth, puts his uniform on, prepares his bag, has breakfast
b) when it's raining   c) they go to the shopping mall, they have a drink and they go for a walk in the park
d) homework, social media, chat with friends, share photos and videos   e) not much   f) he reads a book or listens to music

23. Complete the translation: habitude ; dure ; centre ; avec ; prend ; café ; chez moi ; est ; rentre ; devoirs ; anglais ; fais ;
vers ; réseaux ; copains ; me couche ; douche ; musique

24. Translate into French: a) je rentre de l'école   b) je me douche   c) je fais mes devoirs   d) je lis un roman
e) je me repose   f) je ne fais rien   g) je me détends en écoutant de la musique   h) j'appelle mon petit copain
i) je vais au gymnase   j) je prend un goûter   k) je vais au centre commercial   l) je vais sur les réseaux sociaux

25. Write a paragraph for each person using 'je' for Julie and Martin and 'il' for Patrice
Julie: Je rentre à la maison à quatre heures, puis je me douche et je me détends en écoutant de la musique. Je fais mes
devoirs, et ensuite je vais au gymnase. Je dîne à huit heures, je vais sur les réseaux sociaux et j'appelle mon petit copain. Je
me couche à onze heures. Avant de me coucher, je prends un bain chaud et je lis un livre.

Martin: Je rentre chez moi à cinq heures et je me douche, puis je me détends en lisant un livre. Je fais mes devoirs et je vais
faire une balade à vélo. Je dîne à sept heures et je vais sur les réseaux sociaux. J'appelle ma petite amie et je me couche à dix
heures et demie. Avant d'aller au lit, je prends une douche chaude et je lis un livre.

Patrice: Il rentre chez lui à quatre heures, puis il prend une douche et se détend en regardant des dessins animés. Il va faire
une balade à vélo avec des amis et il fait ses devoirs. Il dîne à huit heures et demie et il regarde la télévision. Il appelle sa
petite amie et il se couche à minuit. Avant de se coucher, il prend un bain chaud et il lit un roman.

Unit 6. Talking about a typical weekend

Le samedi [On Saturdays] **Le dimanche** [On Sundays] **Le week-end** [At the weekend]	**je me lève à** [I get up at]	**neuf heures** [nine] **dix heures** [ten] **midi** [noon] **tard** [late]
	je fais la grasse matinée [I have a lie-in]	

Puis [Then]	**je me lave** [I wash] **je prends le petit déjeuner** [I have breakfast] **je prends un bain (une douche)** [I have a bath (a shower)] **je me brosse les dents** [I brush my teeth]

Pour le petit déjeuner je prends [At breakfast I have]	**des céréales** [cereals] **des œufs** [eggs] **du pain** [bread] **du pain grillé** [toast]	**avec** [with]	**de la confiture** [jam] **du beurre** [butter] **du miel** [honey] **du nutella** **du sel** [salt]
et [and]	**du café** [coffee] **du jus de fruits** [fruit juice] **du thé** [tea]	**avec**	**du lait** [milk] **du sucre** [sugar]

Puis [Then]	**j'aide mon père** [I help my father] **je sors** [I go out] **je fais du vélo** [I ride a bike] **je vais à l'église** [I go to church] **je fais la vaisselle** [I do the washing-up] **je vais à la piscine** [I go to the swimming pool]	**je fais mon lit** [I make my bed] **je vais au centre commercial** [I go to the mall] **je joue sur ma Playstation** [I play on my PS] **je joue sur l'ordinateur** [I play on the computer] **je vais au centre-ville** [I go to the town centre]

L'après-midi [In the afternoon]	**je dors** [I sleep] **je fais de la lecture** [I do some reading] **je fais mes devoirs** [I do my homework] **je fais du sport** [I do some sport]	**je me repose** [I rest] **je ne fais rien** [I do nothing] **je lis** [I read] **je regarde une série** [I watch a series]

Le soir [In the evening]	**j'écoute de la musique** [I listen to music] **je regarde la télé** [I watch telly] **je vais à une fête** [I go to a party] **je vais en boîte** [I go clubbing]	**je vais au MacDo** [I go to MacDonald] **je vais au parc** [I go to the park] **je vais au restaurant** [I go to the restaurant] **je vais chez mon ami(e)** [I go to my friend's] **je sors avec des amis** [I go out with friends]

Je me couche à [I go to bed at]	**onze heures** [11 pm] **minuit** [12 am] **une heure du matin** [1 am]	**Avant de me coucher** [Before going to bed]	**je lis un roman** [I read a novel] **je me brosse les dents** [I brush my teeth] **je me douche** [I shower]

THE LANGUAGE GYM

1. Match up

des œufs	bread
des légumes	eggs
de la confiture	honey
du beurre	milk
du miel	vegetables
du pain	juice
du lait	an apple
du jus	jam
une pomme	toast
du pain grillé	sausages
des saucisses	butter
du yaourt	yogurt

2. Fill in the gaps with the options in the box

a. Je _____ avec des copains

b. Je _____ une douche

c. Je _____ la grasse matinée

d. Je _____ du pain avec de la confiture

e. Je _____ un roman

f. Je me _____ les dents

g. Je _____ à une fête

h. J'_____ mon père

i. J'_____ de la musique

j. Je _____ des vidéos sur YouTube

aide	vais	brosse	prends	mange
écoute	regarde	sors	lis	fais

3. Gapped translation – complete with the missing pieces

a. Je fais mon lit: *I make my* _____

b. Je prends du miel: *I have some* _____

c. Je vais à l'église: *I go to* _____

d. Je ne fais rien: *I don't do* _____

e. Je mange du pain avec de la confiture:
I have bread with _____

f. Je sors avec ma petite copine:
I go out with my _____

g. J'appelle mon meilleur ami:
I call my _____ _____

h. J'aide mon père: *I* _____ *my father*

4. Complete the words

a. Je me re_ _ _ _ *[I rest]*

b. Je joue sur mon ordi_ _ _ _ _ _
[I play on my computer]

c. Je ne fais ri_ _ *[I don't do anything]*

d. Je me br_ _ _ _ les dents *[I brush my teeth]*

e. Je s_ _ _ avec des copains
[I go out with some friends]

f. Je pr_ _ _ _ le petit-déjeuner *[I have breakfast]*

g. Je lis un rom_ _ *[I read a novel]*

h. Je fais du v_ _ _ *[I ride a bike]*

5. Mystery foods and drinks – Guess and complete the words

a. des œ_ _ _

b. une _ _mm_

c. du _ _ _l

d. de la _ _ _ f_ _ _ _ _

e. du _ai_

f. un _ _ _ é

g. du _ _é

h. du _e_

i. du _a_ _

j. du _ _ cr_

k. du j_ _ _ _ _ _ _ it_

l. des _ é _ _ _ _ _

6. Anagrams - rewrite the word in bold correctly

a. Je me **èlve** à onze heures [_____]

b. Je **orss** avec des copains [_____]

c. Je fais la **ssevaille** [_____]

d. J'**deia** mon père [_____]

e. Je vais à l'**seégli** [_____]

f. Je ne fais **iern** [_____]

g. Au petit-déjeuner je prends du **ielm** [_____]

h. Le soir je me **posere** [_____]

i. Je **iavs** à la piscine [_____]

j. Je fais mon **til** [_____]

7. Spot and add in the missing word

a. Je vais l'église

b. Je fais rien

c. Je fais vélo

d. Je fais grasse matinée

e. Je sors avec copains

f. Je me couche une heure du matin

g. Je brosse les dents

h. Je prends douche

i. Je vais magasins

j. Je mon lit

8. Translate into English

a. Le soir

b. Je me repose

c. Je vais à l'église

d. Le samedi

e. Je fais la grasse matinée

f. Je ne fais rien

g. Je me couche

h. Je me brosse les dents

i. Je joue sur l'ordinateur

j. J'appelle un ami

k. Je me détends

l. Je fais la vaisselle

m. Puis

n. Avant de me coucher

9. Complete the sentences

a. Le matin, je me l_____ vers huit heures.

b. Puis, je p_____ une douche et je me b_____ les dents.

c. Vers huit heures et demie, je prends le p_____ - _____.

d. Je ne m_____ pas beaucoup. D'habitude je prends des œ_____, une banane et du p_____ grillé avec de la c_____ et du b_____.

e. Je prends aussi un café sans s_____.

f. Après ça, je fais mes d_____. Je déteste ça.

g. Puis, je s_____ avec mes copains.

h. D'habitude, nous a_____ au centre commercial près de chez moi.

 **THE LANGUAGE GYM**

10. Multiple choice quiz

	a	b	c
Je fais la vaisselle	I do the house chores	I do the washing-up	I do the garden
Je vais à l'église	I go to the mall	I go to church	I go to the park
Je ne fais rien	I don't do anything	I relax	I rest
Je me lève	I wash	I get up	I go to bed
Je me détends	I rest	I relax	I wash
Je me repose	I rest	I play cards	I relax
Je me couche	I go to bed	I sleep	I do the house chores
Le dimanche	on Sundays	on Saturdays	on Fridays
Avant de me coucher	after going to bed	before going to bed	whilst going to bed
Je lis un roman	I read a book	I read a novel	I read a comic
Je joue aux échecs	I play chess	I play cards	I play videogames
Je sors avec mon meilleur copain	I go out with my girlfriend	I go out with my best friend	I go out with my boyfriend
Je vais à la piscine	I go to the park	I go to the mall	I go to the swimming pool
Je prends une douche	I take a bath	I have a shower	I have dinner

11. Sentence puzzle – arrange the sentences in the correct order

a. me Le je lève vers dix heures samedi

b. Après le ça, je petit-déjeuner prends

c. le Après me dents je brosse petit-déjeuner les

d. devoirs Le fais je mes dimanche

e. mère matin Le je dimanche église vais à l' avec ma

f. Le soir vais je samedi en boîte copains mes avec

12. Faulty translation

a. Pour le petit-déjeuner, je prends des œufs: *For breakfast, I have oats*

b. L'après-midi, je ne fais rien: *In the evening, I don't do anything*

c. Je vais à l'église avec mon père: *I go to church with my mother*

d. Avant de me coucher, je fais de la lecture: *Before going to bed, I have a shower*

e. Le dimanche, je me repose: *On Sundays, I relax*

f. Je me détends en écoutant de la musique: *I spend time listening to music*

g. Je fais la vaisselle: *I tidy up my room*

13. Slalom translation – translate the sentences by selecting the appropriate squares as shown in the example

1. Before going to bed I read a novel	5. I relax listening to music
2. Usually, I get up around 6:30	6. I have a shower then I have breakfast
3. In the evening I don't do anything, I rest	7. On Saturdays I go clubbing
4. On Sundays I do a lot of sport	8. On Sunday I spend the whole day with my girlfriend

Avant de (1)	je vais	toute la journée	de sport.
D'habitude je	**me coucher (1)**	je prends le	six heures et demie.
Le soir je ne	une douche, puis	**je lis (1)**	boîte.
Le dimanche je	me lève	en écoutant	avec ma copine.
Je me	détends	beaucoup	**un roman. (1)**
Je prends	fais	je me	petit-déjeuner.
Le samedi	fais rien	en	de la musique.
Le dimanche	je passe	vers	repose.

14. Match

Puis	Nothing
Le samedi	Then
Je me lève	On Saturday(s)
Je prends	I have (eat)
Je me repose	I get up
Je me couche	In the evening
Un roman	I help
Rien	A novel
Le soir	I rest
Je vais	I shower
J'aide	I go to bed
Je me douche	I go
Je me détends	Around
L'église	I spend
La piscine	Church
Je passe	I relax
Vers	Swimming pool

15. Break the flow

a. Avantdemecoucherjelisunroman

b. Lesamedisoirjesorsavecmescopains

c. Ledimanchematinjevaisàl'église

d. Lesamedimatinjefaismesdevoirs

e. Leweekendjefaislagrassematinée

f. Aprèsledînerjefaislavaisselle

g. Ledimanchematinj'aidemonpèredanslejardin

16. Translate

a. Je me repose:

b. Je me lave:

c. Je prends une douche:

d. Je me détends:

e. J'aide:

f. Je sors:

g. Je fais la vaisselle:

h. Je ne fais rien:

Je m'appelle Cassandra et je vais vous parler de ce que je fais d'habitude le week-end. Le samedi matin, je me lève tard et je prends le petit-déjeuner sur la terrasse de mon jardin. J'aime prendre mon temps le week-end, car je dois me lever très tôt tous les jours pendant le reste de la semaine. D'habitude, au petit-déjeuner, je prends des œufs, des saucisses et des champignons. Je prends aussi un petit café. Ensuite, je vais faire les courses au supermarché avec ma mère et ma sœur. Souvent, nous déjeunons toutes les trois ensemble dans notre restaurant préféré dans la galerie marchande en centre-ville. En général, je commande une salade niçoise avec un jus d'orange fraîchement pressé et ma mère et ma sœur choisissent le plat du jour. Par exemple, samedi dernier elles ont pris du poulet basquaise avec du riz. L'après-midi, je rends visite à mon amie Amandine, qui habite près de chez moi. Nous bavardons en écoutant de la musique et nous jouons aux cartes. C'est très sympa. Le soir, je regarde un film avec ma famille après le dîner. Samedi dernier, c'était une comédie et nous avons bien rigolé car c'était absolument hilarant.

Dimanche matin, je vais voir mes grands-parents avec mon père et après nous allons déjeuner chez mon oncle et ma tante. Je joue aux cartes avec mes cousins et je perds tout le temps! Nous rentrons à la maison vers 18h00 et ensuite je fais mes devoirs avant de dîner. Après, je lis un roman et je me couche vers 21h00 car d'habitude je suis très fatiguée.

17. Find the French equivalent

a. I am going to talk to you

b. On Saturday mornings

c. I like to take my own time

d. I must get up early

e. Afterwards

f. The three of us together

g. Shopping mall

h. I order

i. The dish of the day

j. I pay a visit to

k. We had a good laugh

l. At my uncle's

m. I lose all the time

n. I read a novel

o. Usually

18. Answer the comprehension questions

a. Why does she take her time at the weekend?

b. What does she usually have for breakfast? (3 details)

c. Where is their favourite restaurant located?

d. What does she usually order there?

e. What are the two main ingredients of the "Poulet basquaise avec du riz"?

f. Where does her friend Amandine live?

g. What does she do at Amandine's? (3 details)

h. Where does she go at the weekend?

i. What does she do with her cousins?

j. When does she do her homework?

k. Why does she go to bed so early?

THE LANGUAGE GYM

Salut, Je m'appelle Eric et je vais vous parler de ce que je fais d'habitude le week-end. Samedi matin, je me lève assez tôt pour aller courir dans le parc quand il n'y a absolument personne. Je prends le petit-déjeuner dans la cuisine en regardant la télé. J'aime regarder des dessins animés. Ensuite, je vais à la piscine avec mon père et mon frère. J'adore nager. Puis, on va manger un morceau au restaurant italien près de chez moi, avec ma mère et ma petite sœur aussi. Ma sœur ne veut jamais venir avec nous à la piscine, car elle n'aime pas nager. Le soir, nous faisons un barbecue sur la terrasse de notre jardin. D'habitude, nous invitons nos voisins et ma petite copine, Sophie. Mes voisins sont très bavards et rigolos et ils ont un enfant de mon âge, Marc, qui est très sympa. Il y a toujours une bonne ambiance, donc j'aime bien. Samedi dernier, il y avait aussi mes cousins et cousines. On s'est vraiment éclaté. Je me suis couché vers minuit. Avant de me coucher, j'ai accompagné ma copine chez elle.

Dimanche matin, je vais au dojo pour mon cours de judo hebdomadaire. Ensuite nous allons au restaurant en famille. L'après-midi, nous rendons visite à mes grands-parents, qui habitent près de chez moi. Nous bavardons en mangeant des gâteaux et en buvant du café. C'est très relaxant. Le soir, je regarde un film ou une série avec mon frère après le dîner. Ce sont des films d'action d'habitude. Dimanche dernier nous avons vu un film policier que nous avons bien aimé. C'était très rapide et prenant. D'habitude je me couche vers 21h30, car je suis toujours très fatigué le dimanche. Avant de me coucher je prends une douche et j'appelle ma petite copine.

19. Find the French equivalent	**20. Answer the questions below**
a. About what I do	a. When does Eric get up on a Saturday?
b. I get up quite early	b. What does he watch on tv?
c. Watching	c. Where does he go with his father and brother?
d. Cartoons	d. Why does his sister not go to the pool?
e. Afterwards	e. Who do they invite to the barbecue?
f. To swim/swimming	f. Why does he enjoy the barbecue?
g. To have a bite	g. Who does he take home before going to bed?
h. Our neighbours	h. On Sunday mornings, where does he go?
i. Talkative and funny	i. Where do his grandparents live?
j. A good atmosphere	j. What three things does he do at his grandparents?
k. There were	k. How does he describe the film he watched last Sunday?
l. Weekly	l. What two things does he do before going to bed?
m. Near my home	
n. Whilst eating (2 words)	
o. Before going to bed	
p. I call my girlfriend	

21. Split sentences

Le soir, je sors	minuit
Je vais en	une douche
Je fais la grasse	avec mes amis
J'aide	l'église
Je prends	boîte
Je ne fais	rien
Je me couche vers	mon père
Je vais à	matinée

22. Complete the words

a. D'h_ _ _ _ _ _ _: usually

b. Je me l_ _ _: I get up

c. Le petit-d_ _ _ _ _ _ _: breakfast

d. L'a_ _ _ _ - _ _ _ _: in the afternoon

e. Le s_ _ _: in the evening

f. Je v_ _ _: I go

Usually I get up quite late on Saturdays. Then I shower, brush my teeth and have breakfast. In general, I don't eat much, only a croissant. After breakfast, I do my homework for an hour and then go out with my best friend. We usually go to the shopping mall near my home or to the town centre. We go window shopping and have a coffee at Starbucks. In the afternoon, I go to cinema or to the park with my girlfriend. In the evening, I go clubbing with my friends. **(Marc, 17 ans)**

23. Complete the translation of Marc's text

D'habitude, je me _____ assez _____ le Samedi. Puis je prends une _____, je me _____ les dents et je _____ le petit-déjeuner. Généralement, je ne _____ pas beaucoup, seulement un croissant. Après le _____, je fais mes devoirs _____ une heure et puis je _____ avec mon _____ copain. D'habitude, nous allons au centre commercial près de _____ moi ou au centre-ville. Nous _____ du lèche-vitrine et prenons un _____ au Starbucks. L'_____ je _____ au cinéma ou au _____ avec ma _____ . Le _____, je vais en _____ avec mes copains.

24. Translate into French

a. I get up

b. I wash

c. I have a shower

d. I have two eggs

e. I eat

f. I do the washing up

g. I go out

h. I go to church

i. I go clubbing

j. I rest

k. I help my father

l. I go to bed

m. I read a novel

n. I don't do anything

o. Before going to bed

25. Write a paragraph in the FIRST person singular (je) including the following:

- On Saturdays I have a lie-in
- I get up at 11:00 then I shower
- I have breakfast. I eat eggs and fruit
- Then I call my best friend and we go out
- We usually go to the town centre
- We have lunch at MacDonald's
- In the afternoon I go out with my girlfriend/boyfriend
- We go to the cinema
- I have dinner at home with my parents around 8 pm
- I go to bed around 10
- Before going to bed I shower and read a book

Key questions

Comment passes-tu le week-end d'habitude?	*How do you usually spend the weekend?*
Qu'est-ce que tu fais le samedi?	*What do you do on Saturdays?*
Qu'est-ce que tu fais le dimanche?	*What do you do on Sundays?*
Qu'est-ce que tu fais le week-end?	*What do you do at the weekend?*
Qu'est-ce que tu fais le matin?	*What do you do in the morning?*
Qu'est-ce que tu fais l'après-midi?	*What do you do in the afternoon?*
Qu'est-ce que tu fais le soir?	*What do you do in the evening?*
Où est-ce que tu vas le samedi soir?	*Where do you go on Saturday evenings?*
Qu'est-ce que tu manges?	*What do you eat?*
Tu passes du temps en famille?	*Do you spend some time with your family?*
Fais-tu du sport? Quel sport?	*Do you do any sport? What sport?*
Où vas-tu? Avec qui? Pour quoi faire?	*Where do you go? Who with? To do what?*

ANSWERS – Unit 6

1. Match up: des œufs – eggs   des légumes – vegetables   de la confiture – jam   du beurre – butter   du miel – honey   du pain – bread   du lait – milk   du jus – juice   une pomme – an apple   du pain grillé – toast   des saucisses – sausages   du yaourt - yogurt

2. Fill in the gaps: a) sors   b) prends   c) fais   d) mange   e) lis   f) brosse   g) vais   h) aide   i) écoute   j) regarde

3. Gapped translation: a) bed   b) honey   c) church   d) anything   e) jam   f) girlfriend   g) best friend   h) help

4. Complete the words: a) repose   b) ordinateur   c) rien   d) brosse   e) sors   f) prends   g) roman   h) vélo

5. Mystery foods and drinks: a) œufs   b) pomme   c) miel   d) confiture   e) lait   f) café   g) thé   h) sel   i) pain   j) sucre   k) jus de fruits   l) légumes

6. Anagrams: a) lève   b) sors   c) vaisselle   d) aide   e) église   f) rien   g) miel   h) repose   i) vais   j) lit

7. Spot and add in the missing word: a) à l'église   b) ne fais   c) du vélo   d) la grasse   e) mes copains   f) à une   g) me brosse   h) une douche   i) aux magasins   j) fais mon

8. Translate: a) in the evening   b) I rest   c) I go to church   d) on Saturdays   e) I have a lie-in   f) I don't do anything   g) I go to bed   h) I brush my teeth   i) I play on the computer   j) I call a friend   k) I relax   l) I do the washing-up   m) then   n) before going to bed

9. Complete: a) lève   b) prends/brosse   c) petit déjeuner   d) mange/ œufs/ pain/c onfiture/ beurre   e) sucre   f) devoirs   g) sors   h) allons

10. Multiple choice quiz: b ; b ; a ; b ; b ; a ; a ; a ; b ; b ; a ; b ; c ; b

11. Sentence puzzle: a) le samedi je me lève vers dix heures   b) après ça je prends le petit-déjeuner   c) après le petit-déjeuner je me brosse les dents   d) le dimanche je fais mes devoirs   e) le dimanche matin je vais à l'église avec ma mère   f) le samedi soir je vais en boîte avec mes copains

12. Faulty translation: a) ~~oats~~ eggs   b) ~~evening~~ afternoon   c) ~~mother~~ father   d) ~~have a shower~~ do some reading   e) ~~relax~~ rest   f) ~~spend the time~~ relax   g) ~~je fais la vaisselle~~ I tidy up my room

13. Slalom translation: 1) avant de me coucher je lis un roman   2) d'habitude je me lève vers six heures et demie   3) le soir je ne fais rien, je me repose   4) le dimanche je fais beaucoup de sport   5) je me détends en écoutant de la musique   6) je prends une douche, puis je prends le petit-déjeuner   7) le samedi je vais en boîte   8) le dimanche je passe toute la journée avec ma copine

14. Match: puis – then   le samedi – on Saturdays   je me lève – I get up   je prends – I have   je me repose - I rest   je me couche – I go to bed   un roman – a novel   rien – nothing   le soir – in the evening   je vais – I go   j'aide – I help   je me douche – I shower   je me détends – I relax   l'église – church   la piscine – swimming-pool   je passe – I spend   vers – around

15. Break the flow: a) avant de me coucher je lis un roman   b) le Samedi soir je sors avec mes copains   c) le dimanche matin je vais à l'église   d) le samedi matin je fais mes devoirs   e) le weekend je fais la grasse matinée   f) après le dîner je fais la vaisselle   g) le dimanche matin j'aide mon père dans le jardin

16. Translate: a) I rest   b) I get washed   c) I take a shower   d) I relax   e) I help   f) I go out   g) I do the washing-up   h) I don't do anything

17. Find the French: a) je vais vous parler   b) le samedi matin   c) j'aime prendre mon temps   d) je dois me lever tôt   e) ensuite   f) toutes les trois ensemble   g) la galerie marchande   h) je commande   i) le plat du jour   j) je rends visite à   k) nous avons bien rigolé   l) chez mon oncle   m) je perds tout le temps   n) je lis un roman   o) d'habitude

18. Answer: a) because she gets up early in the week   b) eggs, sausages, mushrooms   c) in the shopping mall
d) niçoise salad and orange juice   e) chicken and rice   f) near her place   g) chat, listen to music and play cards
h) to see her grandparents   i) play cards   j) before dinner   k) because she is tired

19. Find the French: a) de ce que je fais   b) je me lève assez tôt   c) regardant   d) dessins animés   e) ensuite   f) nager
g) manger un morceau   h) nos voisins   i) bavards et rigolos   j) une bonne ambiance   k) il y avait   l) hebdomadaire
m) près de chez moi   n) en mangeant   o) avant de me coucher   p) j'appelle ma petite copine

20. Answer: a) quite early   b) cartoons   c) to the swimming-pool   d) she doesn't like to swim   e) neighbours and
girlfriend   f) the atmosphere is always good   g) his girlfriend   h) to the dojo   i) near his place   j) chats, eats cakes and
drinks coffee   k) fast and gripping   l) takes a shower and calls his girlfriend

21. Split sentences: le soir je sors avec mes amis   je vais en boîte   je fais la grasse matinée   j'aide mon père
je prends une douche   je ne fais rien   je me couche vers minuit   je vais à l'église

22. Complete: a) habitude   b) lève   c) déjeuner   d) après-midi   e) soir   f) vais

23. Complete: lève ; tôt ; douche ; brosse ; prends ; mange ; petit-déjeuner ; pendant ; sors ; meilleur ; chez ; faisons ; café ;
après-midi ; vais ; parc ; petite copine ; soir ; boîte

24. Translate: a) je me lève   b) je me lave   c) je prends une douche   d) je prends deux œufs   e) je mange
f) je fais la vaisselle   g) je sors   h) je vais à l'église   i) je vais en boîte   j) je me repose   k) j'aide mon père   l) je vais au lit
m) je lis un roman   n) je ne fais rien   o) avant de me coucher

25. Write a paragraph in the FIRST person singular (Je) including the following:
Le samedi je fais la grasse matinée et je me lève à onze heures du matin puis je me douche. Je prends mon petit-déjeuner, je
prends des œufs et des fruits, puis j'appelle mon/ma meilleur(e) ami(e) et nous sortons. D'habitude on va au centre-ville,
nous déjeunons à McDo. L'après-midi je sors avec ma petite copine/petit copain. Nous allons au cinéma et je dîne à la
maison avec mes parents vers huit heures. Je vais au lit vers dix heures. Avant de me coucher je me douche et je lis un livre.

Unit 7. Talking about what you did last weekend

Samedi dernier *[Last Saturday]* Dimanche dernier *[Last Sunday]* Le week-end dernier *[Last weekend]*	je me suis levé(e) à *[I got up at]*	dix heures *[ten]* midi *[midday]* tard *[late]*
	j'ai fait la grasse matinée *[I had a lie-in]*	

Puis *[Then]*	je me suis lavé(e) *[I washed]*	j'ai pris un bain *[I took a bath]*
	j'ai pris le petit-déjeuner *[I had breakfast]*	j'ai pris une douche *[I took a shower]*

Pour le petit-déjeuner, j'ai pris *[For breakfast, I had]*	des œufs *[eggs]* du café *[coffee]* du lait *[milk]* du pain *[bread]* du pain grillé *[toast]*	avec *[with]*	de la confiture *[jam]* des céréales *[cereals]* du beurre *[butter]* du miel *[honey]* du sucre *[sugar]*

Puis *[Then]*	j'ai fait la vaisselle *[I did the washing-up]* je suis allé(e) au centre-ville *[I went to the town centre]* je suis allé(e) à l'église *[I went to church]* je suis allé(e) à la piscine *[I went to the swimming pool]* je suis allé(e) au centre commercial *[I went to the mall]* j'ai joué sur l'ordinateur *[I played on the computer]*	j'ai fait mon lit *[I made my bed]* j'ai fait du vélo *[I rode a bike]* j'ai joué au tennis *[I played tennis]* j'ai aidé mon père *[I helped my father]* je suis sorti(e) *[I went out]*

L'après-midi *[In the afternoon]*	j'ai dormi *[I slept]* j'ai fait de la lecture *[I did some reading]* j'ai fait mes devoirs *[I did my homework]* j'ai fait du sport *[I did some sport]*	je me suis reposé(e) *[I rested]* je n'ai rien fait *[I didn't do anything]* j'ai lu *[I read]* j'ai vu une série *[I saw a series]*

Le soir *[In the evening]*	j'ai écouté de la musique *[I listened to music]* je suis allé(e) à une fête *[I went to a party]* je suis allé(e) chez mon ami(e) *[I went to my friend's house]* je suis sorti(e) avec des amis *[I went out with friends]* je suis allé(e) au centre-ville *[I went to the town centre]*	je suis allé(e) au MacDo *[I went to MacDonald]* je suis allé(e) au parc *[I went to the park]* je suis allé(e) en boîte *[I went clubbing]* j'ai regardé la télé *[I watched telly]*

Je me suis couché(e) à *[I went to bed at]*	onze heures *[11 pm]* minuit *[12 am]* une heure du matin *[1 am]*	Avant de me coucher *[Before going to bed]*	je me suis brossé(e) les dents *[I brushed my teeth]*

1. Match

J'ai fait la grasse matinée	I went to bed
Je me suis lavé	I didn't do anything
J'ai pris le petit-déjeuner	I did some reading
Je me suis couché	I made my bed
J'ai dormi	I had a lie-in
J'ai fait de la lecture	I washed
J'ai fait mon lit	I went out
Je me suis douché	I showered
Je suis sorti	I slept
Je n'ai rien fait	I had breakfast

2. Complete with the correct word

a. J'ai fait la grasse _ _ _ _ _ _ _

b. J'ai fait mon _ _ _

c. Je n'ai _ _ _ _ fait [I didn't do anything]

d. Je suis _ _ _ _ _

e. Je me suis _ _ _ _ [I washed]

f. J'ai _ _ _ _ le petit-déjeuner

g. J'ai _ _ _ _ _ des œufs

h. J'ai _ _ _ _ de la lecture

i. J'ai _ _ _ _ _ [I slept]

3. Gapped translation

a. J'ai aidé mon père: I _____ my father

b. Je me suis douché et je suis sorti: I showered and _____

c. Dimanche dernier, j'ai fait la grasse matinée: Last _____ I had a lie-in

d. Avant de me coucher, j'ai lu un livre: Before _____ I read a book

e. Samedi dernier, je suis allé à une fête: Last Saturday, I went to a _____

f. Pour aider ma mère, j'ai fait la vaisselle: To help my mother, I _____

g. Samedi soir, je suis allée en boîte: Saturday night, I went _____

h. Dimanche dernier, je me suis levé tard: Last Sunday, I got up _____

i. Samedi matin, j'ai pris des œufs: Saturday morning, I had some _____

4. Multiple choice quiz

	a	b	c
J'ai fait la vaisselle	I did the washing-up	I did my homework	I did some sport
J'ai pris des œufs	I had some cheese	I had some eggs	I had some chicken
J'ai fait de la lecture	I went biking	I did some reading	I went for a walk
J'ai lu un livre	I read comics	I watched tv	I read a book
Je n'ai rien fait	I ate nothing	I saw nothing	I didn't do anything
Je suis sorti	I went out	I stayed in	I went clubbing
Je suis allée en boîte	I went clubbing	I went sightseeing	I went diving
Je suis allé à l'église	I went to the park	I went to church	I went to the beach
J'ai pris un bain	I took a shower	I took a bath	I washed
J'ai mangé du miel	I ate some honey	I ate some jam	I ate some bread
J'ai pris de la confiture	I had some chocolate	I had some jam	I had some butter
J'ai fait la grasse matinée	I went for a ride	I had fun	I had a lie-in

THE LANGUAGE GYM

5. Rewrite the words in bold in the correct order

a. J'ai pris des **usœf**

b. J'ai fait la **isselleva**

c. J'ai mangé du **ielm**

d. Je suis allé au **capr**

e. J'ai **mrido**

f. Je n'ai **ienr** fait

g. Dimanche **rniered**

h. J'ai pris un **naib**

i. J'ai **rpsi** une douche

6. Complete the words

a. J'ai pris une dou_ _ _ *[I took a shower]*

b. Je n'ai ri_ _ fait *[I didn't do anything]*

c. J'ai fait la vaiss_ _ _ _ *[I did the washing-up]*

d. J'ai dor_ _ *[I slept]*

e. Je suis sor_ _ *[I went out]*

f. J'ai pris un ba_ _ *[I had a bath]*

g. J'ai fait la grasse mat_ _ _ _ *[I had a lie-in]*

h. J'ai mangé du m_ _ _ *[I ate some honey]*

7. Complete the sentences below with the nouns provided in the grid below

a. Samedi dernier j'ai fait la grasse _____.

b. Le week-end dernier j'ai lu un _____.

c. J'ai mangé du pain avec du _____.

d. Le soir j'ai vu une _____ sur Netflix.

e. Avant de me coucher j'ai pris un _____ chaud.

f. Samedi soir, je suis allé en _____ .

g. Dimanche matin je suis allé au _____.

h. L'après-midi j'ai fait du _____.

vélo	série
bain	parc
matinée	livre
boîte	miel

8. Match

Je suis allé en boîte	I had a lie-in
J'ai fait la vaisselle	I didn't do anything
J'ai pris une douche	I took a bath
Je n'ai rien fait	I went for a bike ride
J'ai fait la grasse matinée	I did the washing-up
J'ai pris un bain	I took a shower
J'ai fait du vélo	I made my bed
J'ai fait mon lit	I did the house chores
J'ai fait les tâches ménagères	I went clubbing

9. Split sentences – connect the chunks of language to form logical sentences

J'ai fait	avec de la confiture
J'ai pris	rien fait
J'ai fait la	série sur Netflix
Je n'ai	la vaisselle
J'ai pris du pain	un livre
J'ai vu une	avec mon frère
J'ai lu	une douche
J'ai joué	grasse matinée

10. Slalom translation – translate the following sentences ticking the relevant boxes in the grid below as shown in the example. Proceed from top to bottom

a. Last Saturday, I went clubbing.

b. Before lunch, I played on my computer.

c. In the afternoon, I didn't do anything special.

d. In the evening, I did my homework.

e. In the evening, I went out with my friends.

f. Last Sunday, I went to bed early.

Samedi dernier (a)	Avant le déjeuner	Le soir	Dimanche dernier	L'après-midi	Le soir
j'	je suis	je me suis	je n'ai	j'ai	**je (a)**
sorti	ai fait	joué sur	**suis allé (a)**	couché	rien fait
en boîte. (a)	avec mes copains.	mes devoirs.	mon ordinateur.	de spécial.	de bonne heure.

11. Categories

1. J'ai dormi	2. J'ai fait de la musculation	3. Je me suis levé
4. J'ai dîné	5. J'ai acheté un cadeau	6. J'ai fait de la natation
7. J'ai fait du sport	8. Je me suis couché	9. On a fait les magasins
10. J'ai commandé des œufs	11. J'ai fait les courses	12. J'ai déjeuné
13. J'ai fait du lèche-vitrine	14. J'ai mangé	15. J'ai commandé du poulet rôti

Dans ma chambre	Dans le centre commercial	Dans le centre sportif	Au restaurant
1			

12. Complete with the missing part of the verb

a. J'ai _____ [I slept]

b. J'ai _____ la vaisselle

c. J'ai _____ sur l'ordinateur

d. Je suis _____ [I went out]

e. J'ai _____ une douche

f. Je n'_____ rien fait

g. Je _____ allée en boîte

h. Je me suis _____ [I went to bed]

i. Je me suis _____ les dents

13. Translate into English

a. Avant de me coucher

b. Samedi dernier

c. J'ai vu

d. Je n'ai rien fait

e. J'ai dîné

f. Je suis allé

g. Je me suis couché

h. Je suis sorti

i. J'ai pris une douche

j. J'ai dormi

k. Je suis allé à l'église

l. J'ai fait les courses

Samedi dernier je n'ai rien fait de spécial. Je me suis levée vers onze heures. Puis j'ai pris mon petit-déjeuner avec mon frère aîné. J'ai pris des œufs, des fraises et une tranche de pain avec du miel. J'ai bu du jus de pomme. Après ça, j'ai appelé mon petit copain et on a discuté pendant une demi-heure.

Vers midi, je suis allée au centre-ville pour faire des achats. J'ai acheté une chemise noire et un pantalon gris. Vers une heure, j'ai déjeuné avec ma copine au MacDo. Il y avait beaucoup de monde. Après, comme il faisait beau, nous sommes allées au parc pour faire une promenade. Il y avait beaucoup de monde là aussi.

Je suis rentrée chez moi vers cinq heures. J'ai pris une douche et après ça, j'ai fait mes devoirs en écoutant de la musique jusqu'à sept heures. C'était barbant! J'ai dîné vers huit heures et après j'ai vu ma série favorite à la télé. Je me suis couchée vers minuit. Avant de me coucher j'ai lu un roman policier. **(Catherine, 16 ans)**

14. Find the French in Catherine's text

a. I didn't do anything special

b. With my older brother

c. A slice of bread with some honey

d. I called my boyfriend

e. To do some shopping

f. I had lunch with my friend

g. There were a lot of people

h. To go for a walk

i. I took a shower

j. Until seven o'clock

k. It was boring

l. Before going to bed

15. Answer the questions in English

a. At what time did Catherine get up?

b. Who did she have breakfast with?

c. What did she have for breakfast?

d. Who did she talk with for half an hour?

e. Why did she go to the town centre?

f. What does she say about MacDonald's?

g. What did they go to the park for?

h. What did the park have in common with MacDonalds?

i. At what time did she get back home?

j. What did she do before going to bed?

k. At what time did she go to bed?

16. Complete the statements below based on Catherine's text

a. Last _____ I didn't do anything special.

b. I had breakfast with my _____ brother.

c. I had some _____, some strawberries and a slice of bread with _____.

d. I called my boyfriend and we talked for _____.

e. In town I bought a black_____ and grey _____.

f. There were a lot of _____ at MacDonald's.

g. The weather was _____ so we went to the park.

h. At five I _____.

i. After the shower I _____ until seven. It was _____!

17. Translate the following phrases from Catherine's text into English

a. Il y avait beaucoup de monde

b. Je suis rentrée chez moi

c. Je n'ai rien fait de spécial

d. Avant de me coucher

e. Pour faire une promenade

f. Je me suis couchée vers minuit

g. J'ai pris une douche

h. J'ai fait mes devoirs jusqu'à sept heures

 **THE LANGUAGE GYM**

71

Dimanche dernier, je n'ai rien fait de spécial. J'ai fait la grasse matinée. Puis j'ai pris mon petit-déjeuner avec ma sœur cadette. J'ai beaucoup mangé. J'ai pris un œuf, des céréales, une banane et une tranche de pain avec de la confiture. J'ai aussi bu du jus d'orange. Après ça, j'ai regardé des dessins animés dans le salon.

Vers midi, je suis allé au centre sportif avec mon ami Julien pour faire de la natation. C'est un grand centre sportif. Il y a une piscine olympique, un gymnase énorme et bien équipé et un grand mur d'escalade. On a nagé pendant une heure. On s'est bien amusé, mais il y avait trop de monde. Après, on a mangé un morceau au bar du centre sportif. J'ai pris un sandwich au jambon et Julien a pris une salade.

L'après-midi comme il faisait beau, nous sommes allés au parc pour faire du vélo. Il y avait beaucoup de monde là aussi. On s'est bien éclaté!

Je suis rentré chez moi vers six heures et demie. J'ai pris une douche et après ça, j'ai fait mes devoirs de sciences et de maths en écoutant de la musique jusqu'à huit heures. C'était barbant! J'ai dîné vers huit heures et après j'ai regardé des vidéos sur YouTube. Je me suis couché vers une heure. Avant de me coucher, j'ai appelé ma copine et j'ai pris une douche. **(Marc, 15 ans)**

---

18. Find the French equivalent for the phrases below in Marc's text

a. I had a lie-in

b. I had breakfast

c. I ate a lot

d. With jam

e. I also drank

f. After that

g. We had fun

h. We had a bite

i. Julien had a salad

j. Since the weather was nice

k. There were a lot of people

l. We had a blast

m. I took a shower

n. I did my science homework

o. I had dinner

p. Before going to bed

---

19. Complete with the options in the grid

a. Dimanche dernier Marc _____ fait la grasse matinée.

b. Il a _____ mangé et a bu du jus de _____.

c. Il y avait beaucoup de _____ à la piscine.

d. Marc et Julien ont fait de la _____.

e. Après la piscine, Marc a _____ un sandwich.

f. L'après-midi, Marc a fait une _____ à vélo au parc.

g. Il n'a pas _____ faire ses devoirs. C'était _____.

h. Il s'est couché _____.

i. Avant de se coucher, il a appelé _____ copine et s'est _____.

gens	balade
aimé	fruits
beaucoup	a
sa	couché
tard	ennuyeux
natation	pris

20. Translate into French

a. *Last Sunday I had a lie-in*: D_____ d_____ j'___ f____ l__ g_____ m_____

b. *The weather was nice*: I__ f_____ b_____

c. *I went to the sports centre*: J__ s_____ a_____ a__ c_____ s_____

d. *Afterwards, I went to the park*: E_____, j___ s_____ a_____ a__ p_____

e. *I had fun*: J__ m__ s_____ a_____

f. *I had dinner at eight*: J'____ d_____ à h_____ h_____

g. *After dinner, I read a novel*: A_____ l__ d_____, j'____ l__ u__ r_____

---

21. Translate into French

a. I got up at seven

b. I had breakfast

c. I ate a lot

d. I took a shower

e. Afterwards

f. I didn't do anything special

g. I went to the town centre

h. In the morning, I went swimming

i. In the afternoon, I went biking

j. In the evening, I went clubbing

22. Correct the spelling/grammar errors

a. J'ai pri une douche

b. J'ai fait la vasselle

c. Je suis sorti avec mes copain

d. J'ai beaucoup mange

e. J'ai rien fait de spécial

f. Je suis levé tard

g. J'ai fait la grosse matinée

h. J'ai pris le petit-déjeuné

i. Avant de me coucher j'ai lit un roman

Write a paragraph in the FIRST person (I) for Laetitia and Marine and one in the THIRD person (he) for Philippe using the prompts given in the grid.

	Morning	Afternoon	Evening
Laetitia	▪ Got up at 10 ▪ Had breakfast ▪ Went jogging	▪ Went to park ▪ Played frisbee with her friends ▪ Had fun	▪ Went to shopping mall ▪ Bought some clothes ▪ Went back home ▪ Did her homework
Marine	▪ Got up at 12 ▪ Ate some fruit ▪ Did homework	▪ Went to swimming pool ▪ Then went rock climbing ▪ Had a blast	▪ Went to park ▪ Went for a bike ride ▪ Went to cinema ▪ Had dinner at restaurant
Philippe	▪ Had a lie-in ▪ Had two eggs and a toast with honey ▪ Went to church	▪ Did the washing-up ▪ Did homework ▪ Listened to some music ▪ Watched his favourite series on Netflix	▪ Watched television ▪ Listened to music ▪ Met girlfriend ▪ Had dinner at 7:30

Key questions

Comment as-tu passé le week-end dernier?	*How did you spend last weekend?*
Qu'est-ce que tu as fait samedi dernier?	*What did you do last Saturday?*
Qu'est-ce que tu as fait dimanche dernier?	*What did you do last Sunday?*
Qu'est-ce que tu as fait le week-end dernier?	*What did you do last weekend?*
Qu'est-ce que tu as fait le matin?	*What did you do in the morning?*
Qu'est-ce que tu as fait l'après-midi?	*What did you do in the afternoon?*
Qu'est-ce que tu as fait le soir?	*What did you do in the evening?*
Où est-ce que tu es allé(e) samedi soir?	*Where did you go Saturday evening?*
Où est-ce que tu as déjeuné?	*Where did you have lunch?*
Où est-ce que tu as dîné?	*Where did you have dinner?*
Qu'est-ce que tu as mangé? C'était comment?	*What did you eat? How was it?*
As-tu fait du sport? Quel sport?	*Did you do some sport? What sport?*
Où es-tu allé(e)? Avec qui? Pour quoi faire?	*Where did you go? Who with? To do what?*
Quel temps faisait-il?	*What was the weather like?*

ANSWERS – Unit 7

1. Match: j'ai fait la grasse matinée – I had a lie-in   je me suis lavé – I washed
j'ai pris le petit-déjeuner – I had breakfast   je me suis couché – I went to bed   j'ai dormi – I slept
j'ai fait de la lecture – I did some reading   j'ai fait mon lit – I made my bed   je me suis douché – I showered
je suis sorti – I went out   je n'ai rien fait – I didn't do anything

2. Complete: a) matinée   b) lit   c) rien   d) sorti   e) lavé   f) pris   g) mangé   h) fait   i) dormi

3. Gapped translation: a) helped   b) I went out   c) Sunday   d) going to bed   e) party   f) did the washing-up   g) clubbing
h) late   i) eggs

4. Multiple choice quiz: j'ai fait la vaisselle (a)   j'ai pris des œufs (b)   j'ai fait de la lecture (b)   j'ai lu un livre (c)   je n'ai
rien fait (c)   je suis sorti (a)   je suis allée en boîte (a)   je suis allé à l'église (b)   j'ai pris un bain (b)   j'ai mangé du miel (a)
j'ai pris de la confiture (b)   j'ai fait la grasse matinée (c)

5. Rewrite the words: a) œufs   b) vaisselle   c) miel   d) parc   e) dormi   f) rien   g) dernier   h) bain   i) pris

6. Complete the words: a) douche   b) rien   c) vaisselle   d) dormi   e) sorti   f) bain   g) matinée   h) miel

7. Complete the sentences: a) matinée   b) livre   c) miel   d) série   e) bain   f) boîte   g) parc   h) vélo

8. Match: je suis allé en boîte – I went clubbing   j'ai fait la vaisselle – I did the washing-up
j'ai pris une douche – I took a shower   je n'ai rien fait – I didn't do anything   j'ai fait la grasse matinée – I had a lie-in
j'ai pris un bain – I took a bath   j'ai fait du vélo – I went for a bike ride   j'ai fait mon lit – I made my bed
j'ai fait les tâches ménagères – I did the house chores

9. Split sentences: j'ai fait la vaisselle   j'ai pris une douche   j'ai fait la grasse matinée   je n'ai rien fait
j'ai pris du pain avec de la confiture   j'ai vu une série sur Netflix   j'ai lu un livre   j'ai joué avec mon frère

10. Slalom translation: a) Samedi dernier je suis allé en boîte   b) Avant le déjeuner j'ai joué sur mon ordinateur
c) L'après-midi je n'ai rien fait de spécial   d) Le soir j'ai fait mes devoirs   e) Le soir je suis sorti avec mes copains
f) Dimanche dernier je me suis couché de bonne heure

11. Categories: Dans ma chambre: 1, 3, 8   Dans le centre commercial: 5, 9, 11, 13   Dans le centre sportif: 2, 6, 7
Au restaurant: 4, 10, 12, 14, 15

12. Complete: a) dormi   b) fait   c) joué   d) sorti   e) pris   f) ai   g) suis   h) couché   i) brossé

13. Translate: a) before going to bed   b) last Saturday   c) I saw   d) I didn't do anything   e) I had dinner f) I went
g) I went to bed   h) I went out   i) I had a shower   j) I slept   k) I went to church   l) I did the shopping

14. Find in the text: a) je n'ai rien fait de spécial   b) avec mon frère aîné   c) une tranche de pain avec du miel
d) j'ai appelé mon petit copain   e) pour faire des achats   f) j'ai déjeuné avec ma copine   g) il y avait beaucoup de monde
h) faire une promenade   i) j'ai pris une douche   j) jusqu'à sept heures   k) c'était barbant   l) avant de me coucher

15. Answer: a) 11am   b) her older brother   c) eggs, strawberries, slice of bread with honey and apple juice
d) her boyfriend   e) to do some shopping   f) it was crowded   g) to go for a walk   h) both were crowded   i) 5pm
j) she read a crime novel   k) around midnight

16. Complete: a) Saturday   b) older   c) eggs/honey   d) half an hour   e) shirt/trousers   f) people   g) beautiful
h) came back home   i) did my homework while listening to music/ boring

17. Translate: a) There were a lot of people   b) I came back home   c) I did nothing special   d) Before going to bed
e) To go for a walk   f) I went to bed around midnight   g) I took a shower   h) I did my homework until 7

18. Find the French: a) j'ai fait la grasse matinée   b) j'ai pris mon petit déjeuner   c) j'ai beaucoup mangé
d) avec de la confiture   e) j'ai aussi bu   f) après ça   g) on s'est bien amusé   h) on a mangé un morceau
i) Julien a pris une salade   j) comme il faisait beau   k) il y avait beaucoup de monde   l) on s'est bien éclaté
m) j'ai pris une douche   n) j'ai fait mes devoirs de sciences   o) j'ai dîné   p) avant de me coucher

19. Complete: a) a   b) beaucoup/fruits   c) gens   d) natation   e) pris   f) balade   g) aimé/ennuyeux   h) tard   i) sa/couché

20. Translate: a) dimanche dernier j'ai fait la grasse matinée   b) il faisait beau   c) je suis allé au centre sportif
d) ensuite je suis allé au parc   e) je me suis amusé   f) j'ai dîné à huit heures   g) après le dîner j'ai lu un roman

21. Translate: a) je me suis levé à sept heures b) j'ai pris mon petit déjeuner c) j'ai beaucoup mangé d) j'ai pris une douche
e) ensuite   f) je n'ai rien fait de spécial   g) je suis allé(e) au centre ville   h) le matin je suis allé(e) nager
i) l'après-midi je suis allé(e) faire du vélo   j) le soir je suis allé(e) en boîte

22. Correct the spelling/grammar errors: a) pris   b) vaisselle   c) copains   d) mangé   e) je n'ai   f) je **me**
g) ~~grosse~~ grasse   h) déjeuner   i) lu

Write a paragraph in the FIRST person (I) for Laetitia and Marine and one in the THIRD person (he) for Philippe using the prompts given in the grid.

Laetitia: Le matin, je me suis levée à dix heures, j'ai pris mon petit-déjeuner et je suis allée faire du footing. L'après-midi, je suis allée au parc et j'ai joué au frisbee avec mes amis. Je me suis amusée. Le soir je suis allée au centre commercial, j'ai acheté des vêtements, je suis rentrée à la maison et j'ai fait mes devoirs.

Marine: Le matin, je me suis levée à midi et j'ai mangé des fruits, ensuite j'ai fait mes devoirs. L'après-midi, je suis allée à la piscine puis je suis allée faire de l'escalade, je me suis éclatée. Le soir je suis allée au parc, je suis allée faire du vélo, je suis allée au cinéma et j'ai dîné au restaurant.

Philippe: Le matin, il a fait la grasse matinée et il a pris deux œufs et du pain grillé avec du miel. Il est allé à l'église. L'après-midi, il a fait la vaisselle, il a fait ses devoirs, il a écouté de la musique et il a regardé sa série préférée sur Netflix. Le soir, il a regardé la télévision, il a écouté de la musique, il a rencontré sa copine et il a dîné à sept heures et demie.

Unit 8. Talking about when you were younger

Il y a dix ans *[Ten years ago]* Quand j'avais huit ans *[When I was eight]* Quand j'étais petit(e) *[When I was small]* Quand j'étais plus jeune *[When I was younger]*	j'étais *[I was]*	blond(e) *[blond]* maladroit(e) *[clumsy]* mignon(ne) *[cute]* petit(e) *[short]* pénible *[annoying]* potelé(e) *[chubby]* rigolo(te) *[funny]* sportif (sportive) *[sporty]*

J'étais *[I was]*	moins *[less]* plus *[more]*	bavard(e) *[talkative]* paresseux (paresseuse) *[lazy]* timide *[shy]* travailleur (travailleuse) *[hard-working]* vilain(e) *[naughty]*	que *[than]* | maintenant *[now]*

Je portais *[I used to wear]*	des lunettes *[glasses]* des salopettes *[dungarees]*	de jolies robes roses *[pretty pink dresses]* une casquette *[a baseball cap]*

Pendant mon temps libre *[During my free time]*	j'allais *[I used to go]*	à l'église *[to church]* à la piscine *[to the pool]*	au parc *[to the park]*
	je faisais *[I used to do]*	de la gymnastique *[gymnastics]* du karaté *[karate]*	du skate *[skateboarding]* du vélo *[biking]*
	je jouais *[I used to play]*	au foot *[football]* au tennis *[tennis]*	du piano *[the piano]*

Mon sport préféré *[My favourite sport]*	c'était *[was]*	le foot *[football]* le judo *[judo]*	le rugby *[rugby]* le vélo *[cycling]*	le patinage *[skating]*

Je m'entendais bien avec *[I used to get along with]*	mon frère *[my brother]* ma mère *[my mother]* mon père *[my father]* ma sœur *[my sister]*	mais je me disputais avec *[but I used to argue with]*	ma cousine *[my cousin]* mon cousin *[my cousin]* mon oncle *[my uncle]* ma tante *[my aunt]*

Quant à mes études *[As far as my studies are concerned]*	j'étais *[I was]*	assez *[quite]* très *[very]*	fainéant (fainéante) *[lazy]* travailleur (travailleuse) *[hard-working]*	et *[and]*

Final column (under "et"):

j'aimais les langues
[I used to love languages]
j'adorais le français
[I used to love French]
j'avais de bonnes notes
[I used to have good grades]
j'avais de mauvaises notes
[I used to have bad grades]
j'étais fort en maths
[I was strong at maths]
je faisais mes devoirs
[I used to do my homework]
je me comportais bien
[I used to behave well]

USEFUL VOCABULARY

Here you will find vocabulary that you can use to talk about how you were as a young person

Physical appearance	Personality
J'étais… *[I was]* …**beau (belle)** *[good-looking]* …**faible** *[weak]* …**fort(e)** *[strong]* …**grand(e) pour mon âge** *[tall for my age]* …**joli(e)** *[pretty]* …**maigre** *[skinny]* …**moche** *[ugly]* …**sportif(ive)** *[sporty]* …**toujours malade** *[always sick]* …**petit(e) pour mon âge** *[small for my age]*	**J'étais…** *[I was]* …**aimable** *[kind]* …**antipathique** *[unfriendly]* …**capricieux (capricieuse)** *[whimsical]* …**ennuyeux (ennuyeuse)** *[boring]* …**marrant(e)** *[funny]* …**méchant(e)** *[mean]* …**pénible** *[annoying]* …**sérieux (sérieuse)** *[serious]* …**sympathique** *[friendly]* …**têtu(e)** *[stubborn]* …**timide** *[shy]*

Other hobbies
J'allais souvent à l'église *[I used to often go to church]*
J'allais à la maison de ma copine Julie *[I used to go to the house of my (girl)friend Julie]*
J'allais à la maison de mon pote Ronan *[I used to go to the house of my buddy Ronan]*
Je faisais beaucoup de natation *[I used to do a lot of swimming]*
Je faisais beaucoup de sport *[I used to do a lot of sport]*
Je jouais avec des poupées *[I used to play with dolls]*
Je jouais avec mon chien dans le jardin *[I used to play with my dog in the garden]*
Je jouais avec mes jouets *[I used to play with my toys]*
Je jouais avec un petit train en bois *[I used to play with a small wooden train]*
Je jouais au Lego *[I used to play Lego]*
Je jouais avec des petits soldats *[I used to play with toy soldiers]*
Je passais beaucoup de temps avec mes parents *[I used to spend a lot of time with my parents]*
Je promenais mon chien *[I used to walk my dog]*

Pets I used to have			
J'avais *[I used to have]*	**un chat** *[a cat]* **un chien** *[a dog]* **un cochon d'Inde** *[a guinea pig]* **un hamster** **un perroquet** *[a parrot]* **une perruche** *[a budgie]* **un pingouin** *[a penguin]* **un poisson rouge** *[a goldfish]* **une tortue** *[a turtle]*	**qui s'appelait** *[which was called]*	**Asterix** **Baguette** **Chou** **Coco** **Cosette** **Doux** **Fraise** **Incroyable** **Matou** **Salsa** **Speedy**

 **THE LANGUAGE GYM**

1. Complete

a. Quand j'étais plus _____: *When I was younger*

b. J'étais _____ bavarde que maintenant: *I was more talkative than now*

c. Je _____ des lunettes: *I used to wear glasses*

d. Je _____ du skate: *I used to go skateboarding*

e. J'allais à l'_____ tous les dimanches: *I used to go to church every Sunday*

f. J'_____ assez travailleuse: *I was quite hard-working*

g. Je portais de jolies _____ roses: *I used to wear pretty pink dresses*

h. J'étais plus mignonne que _____: *I was cuter than now*

i. Je m'_____ bien avec mes parents: *I used to get along well with my parents*

j. Mon sport _____, c'était le karaté: *My favourite sport was karate*

2. Match

mignon	chubby
travailleur	annoying
bavard	shy
paresseux	funny
rigolo	talkative
pénible	hard-working
potelé	ugly
sportif	lazy
joli	sporty
timide	cute
vilain	selfish
égoïste	pretty

3. Complete the words

a. b _ _ _ _ d: *talkative*

b. t _ _ _ _ e: *shy*

c. t _ _ _ _ _ _ _ _ r: *hard-working*

d. v _ _ _ _ n: *ugly*

e. m _ _ _ _ _ _ _ t: *clumsy*

f. p _ _ _ _ _ e: *annoying*

g. m _ _ _ _ n: *cute*

h. p _ _ _ t: *small*

4. Translate into English

a. jeune

b. bavard

c. timide

d. mignon

e. rigolo

f. potelé

g. sportif

h. pénible

i. maladroit

5. Complete the table

Masculine	Feminine
	sportive
	paresseuse
mignon	
	rigolote
maladroit	
potelé	
	travailleuse

6. Multiple choice quiz

	a	b	c
Temps libre	reading time	homework	free time
Plus fainéant	more talkative	lazier	chubbier
J'avais	I used to be	I used to have	I used to do
J'allais	I used to go	I used to do	I used to be
Je m'entendais bien	I used to get along with	I used to argue with	I used to behave well
C'était	there was	it happened	it was
Je me disputais	I used to go	I used to hang out	I used to argue
Potelé	clumsy	chubby	lazy
Rigolo	funny	annoying	strong
Je me comportais	I used to behave	I used to argue	I used to work hard
Quant à	in addition to	to make things worse	with regard to
Je portais	I used to have	I used to behave	I used to wear

7. Complete with the missing verbs

a. Quand j'_____ plus jeune.

b. Quand j'_____ dix ans.

c. J'_____ plus mignon que maintenant.

d. J'_____ les cheveux blonds.

e. Je _____ des lunettes.

f. Je _____ aux échecs.

g. Je _____ du skate.

h. Je m'_____ bien avec mes parents.

8. Split sentences

J'allais à	mes devoirs
J'étais plus	comportais bien
J'aimais apprendre	l'église
J'avais de bonnes	vélo
Je faisais	paresseuse
Je me	avec mon père
Je faisais du	les langues
Je me disputais souvent	entendais bien avec mes parents
Je m'	de jolies robes roses
J'étais fort	notes
Je portais	en sciences

9. Find and write in

a. A sport beginning with 'g': _____

b. A garment starting with 'c': _____

c. An adjective starting with 'p': _____

d. A verb beginning with 'é': _____

e. The opposite of 'moins': _____

f. A garment beginning with 's': _____

g. An adjective starting with 'm': _____

10. Sort the items below in the categories below

1. allais	2. mauvais	3. joli
4. timide	5. étais	6. vélo
7. potelé	8. père	9. faisais
10. blond	11. aimais	12. beau

Verbs	**Adjectives**	**Nouns**
1.		

11. Faulty translation – spot the errors in the translations below and correct (not all are wrong)

a. Quand j'étais plus jeune, j'étais maladroit: *When I was younger, I was annoying*

b. Quand j'avais dix ans, j'étais plus mignon: *When I was ten years old, I was cuter*

c. Mon sport préféré, c'était le patinage: *My favourite sport, was running*

d. Il y a dix ans, j'étais plus potelé: *Ten years ago, I used to be thinner*

e. J'étais moins travailleur: *I used to be more hard-working*

f. Je m'entendais bien avec mes parents: *I used to argue with my parents*

g. Je me comportais bien à l'école: *I used to behave well at school*

h. J'avais de mauvaises notes en maths: *I used to get good grades in maths*

---

12. Translate into English

a. Pendant mon temps libre

b. Quand j'étais petit

c. Il y a dix ans

d. Quant à mes études

e. Je me disputais

f. J'allais

g. J'avais

h. J'aimais

i. Je faisais

---

13. Complete the paragraph with the missing words

Quand j'_____ petite, j'étais blonde. Aussi, j'étais plus mignonne que _____. Je _____ des lunettes et de jolies _____ roses. Pendant mon _____ libre je jouais ____ piano et je _____ de la gymnastique. Tous les dimanches, j'_____ à l'église avec ma mère. Mon sport _____ c'était le patinage. Je m'_____ bien avec mes parents, mais je me disputais souvent _____ mon frère.

---

14. Slalom translation – translate the following sentences ticking the relevant boxes in the grid below as shown in the example. Proceed from top to bottom

a. When I was younger, I was cuter than now.

b. Ten years ago, I was much chubbier.

c. When I was little, I was much more annoying.

d. At school, I used to have good grades.

e. I used to argue with my parents all the time.

f. In my free time, I used to do a lot of sport.

Quand (a)	Il y a	Quand j'étais	À l'école	Je me	Pendant mon temps libre
je faisais	j'avais	dix ans	disputais	petit	**j'étais plus (a)**
jeune, j'étais (a)	avec mes parents	j'étais	j'étais beaucoup	de	beaucoup
de	**plus mignon (a)**	tout	bonnes	beaucoup plus	plus
que maintenant (a)	sport	potelé	pénible	le temps	notes

Quand j'avais huit ans, j'étais très différent **par rapport à** [compared to] maintenant. Tout d'abord, j'étais beaucoup plus potelé et je portais des lunettes. J'avais les cheveux très blonds et bouclés. J'étais beaucoup plus mignon! Je portais toujours des salopettes et des baskets. J'adorais aller à l'école parce que j'avais beaucoup d'amis dans ma classe et on jouait tout le temps. J'adorais mes enseignants et ils m'adoraient aussi parce que je me comportais bien, je faisais toujours mes devoirs et je les écoutais toujours très attentivement. Ma matière préférée, c'était le dessin. J'adorais dessiner les animaux et les fleurs. Pendant mon temps libre, je faisais beaucoup de sport. Je jouais au foot et au tennis et je faisais du patinage et du skate. Aussi, j'allais faire du vélo à la campagne avec mon père tous les dimanches. J'adorais promener mon chien au parc. On courrait ensemble. C'était marrant! **(Jean, 16 ans)**

15. Find in Jean's text the English for

a. When I was eight:

b. Now:

c. Chubbier:

d. I used to wear glasses:

e. I had very blond hair:

f. I always used to wear:

g. I used to have a lot of friends:

h. They adored me:

i. I used to be well-behaved:

j. I used to love drawing:

k. I used to do a lot of sport:

l. I used to skate:

m. I used to go cycling in the countryside:

16. Complete

a. When he was eight, Jean was much _____ and used to wear _____.

b. His hair was blond and _____.

c. He always wore _____ and trainers.

d. He used to love going to school because he had many _____ in his class.

e. He used to _____ his teachers.

f. They loved him back because he was well-behaved, he always _____ and always listened to them very _____.

g. His favourite subject was _____.

h. He used to love _____ animals and flowers.

i. In his free time, he used to do a lot of sport such as football, tennis, skating and _____.

j. Every Sunday, he used to _____ _____ with his father.

17. Translate into English

a. Par rapport à

b. Maintenant

c. Mes enseignants

d. Beaucoup d'amis

e. Je portais

f. Je faisais

g. Le dessin

h. Mon temps libre

i. J'allais faire du vélo

j. À la campagne

k. On courrait ensemble

Quand j'avais huit ans, j'étais très différente **par rapport à** [*compared to*] maintenant. Tout d'abord, j'étais beaucoup plus maigre et blonde. J'avais les cheveux très blonds et longs. J'étais beaucoup plus jolie! Je portais toujours de jolies robes roses. Je n'aimais pas trop aller à l'école, parce que je n'avais pas beaucoup d'amis dans ma classe et mes enseignants étaient très stricts. Je n'aimais qu'une enseignante, Mme Martineau, car elle était rigolote, gentille et très affectueuse. Je me comportais toujours bien, je faisais toujours mes devoirs et j'étais très attentive en classe. Ma matière préférée c'était le français. J'adorais apprendre les langues étrangères et la musique. Pendant mon temps libre, je jouais avec mes copines dans le jardin de mon immeuble. On faisait des balades à vélo, on courrait, on jouait à cache-cache ou on faisait du saut à la corde. Avec ma meilleure copine, Sandrine, on jouait aux poupées ou au Lego. C'était génial! On s'amusait beaucoup ensemble. **(Julie, 15 ans)**

19. True, False or Not mentioned? Correct any wrong statements you identify

a. Julie hasn't changed much compared to when she was 8

b. Her hair was straighter

c. She was uglier

d. She loved school

e. Her teachers were very strict

f. She only liked Mademoiselle (Miss) Martineau

g. In her free time she used to play with her friends in the park

h. She used to play hide-and-seek

i. With her best friend she often played cards

21. Find in the text

a. An adjective starting with 'r':

b. A noun starting with 'i':

c. A verb starting with 'c':

d. An adjective starting with 'a':

e. A conjunction starting with 'c':

f. A preposition starting with 'a':

18. Find the French equivalent for the following words/ phrases

a. I was very different

b. First of all

c. Much thinner

d. I used to have

e. Prettier

f. I used to always wear

g. I didn't have many friends

h. My teachers

i. I only liked

j. She was funny

k. Affectionate

l. I used to always behave well

m. I was very attentive

n. I used to love learning

o. Of my building

p. We used to do bike rides

q. We used to have fun

r. Together

20. Translate into English

a. Par rapport à

b. Plus maigre

c. Elle était rigolote

d. Pendant mon temps libre

e. Mon immeuble

f. On courrait

g. Des balades à vélo

h. Ensemble

i. Les langues étrangères

j. Je n'aimais qu'une enseignante

k. Je n'avais pas beaucoup d'amis

l. On s'amusait beaucoup

m. Je me comportais toujours bien

22. Complete with the missing word

a. Pendant mon _____ libre *[In my free time]*

b. Quand j'_____ huit ans *[When I was eight]*

c. J'étais _____ mignonne *[I was cuter]*

d. Je _____ des lunettes *[I used to wear glasses]*

e. J'allais _____ parc *[I used to go to the park]*

f. _____ à mes études *[With regard to my studies]*

g. Je m'_____ bien avec *[I used to get along with]*

h. J'étais beaucoup plus _____ *[I was much prettier]*

i. J'étais _____ *[I was clumsy]*

j. Je _____ *[I used to play]*

k. Plus _____ *[Thinner]*

l. J'étais _____ *[I was annoying]*

m. Je _____ *[I used to wear]*

n. Je me _____ *[I used to argue]*

o. Moins _____ *[less ugly]*

p. Plus _____ *[Funnier]*

---

23. Translate into French

a. more

b. less

c. clumsy (f)

d. studies

e. funny (f)

f. my

g. when

h. hard-working (f)

i. often

j. grades

k. strong

l. languages

m. glasses

n. dungarees

o. annoying

p. chubby (f)

q. quite

r. skateboarding

---

24. Translate into French

a. Ten years ago, I was much cuter.

b. When I was eight, I was less chubby.

c. As for my studies, I used to get good grades.

d. I used to argue with my parents a lot.

e. In my free time, I used to skateboard.

f. I used to wear dungarees and trainers.

g. Often I went to the park with my dad.

h. I used to be more hard-working.

i. When I was small, I was very funny.

---

25. Write a short paragraph about each of the young people below in the FIRST person singular (I) of the verbs provided. Feel free to add in any connective words or phrases you feel fit.

	When	What I looked like and wore	My personality	How I related to my family	What I was like in school
Jean-Marc	10 years ago	I was very chubby and cute and used to wear dungarees and trainers	I was funny and a bit clumsy	I got along with my parents but I fought with my brother all the time	I was hard-working and I got good grades
Suzanne	When I was younger	I was much blonder and prettier. I used to wear hats and pretty pink dresses	I was very annoying and noisy	I got along with my father but I used to argue with my mother because she was too strict	I was lazy and always got bad grades, especially in maths
Patrice	When I was 13	I was much thinner, I had long hair and used to wear glasses	I used to be very mean and stubborn	I got along with my mother but I argued with my father a lot because he was too strict	I got along with my French teacher but I used to hate all the other teachers

Key questions

Comment étais-tu quand tu avais dix ans?	*What were you like when you were ten?*
Comment étais-tu quand tu étais petit(e)?	*What were you like when you were small?*
Comment étais-tu quand tu étais plus jeune?	*What were you like when you were younger?*
Comment étais-tu par rapport à maintenant?	*How were you compared to now?*
Où habitais-tu?	*Where did you used to live?*
Quels vêtements portais-tu?	*What clothes did you use to wear?*
Que faisais-tu dans ton temps libre?	*What did you used to do in your free time?*
Quel était ton sport préféré?	*What was your favourite sport?*
Que faisais-tu le weekend?	*What did you do at the weekend back then?*
Qui était ton meilleur copain (ta meilleure copine)?	*Who was your best friend?*
Comment t'entendais-tu avec tes parents?	*How did you get along with your parents?*
Comment t'entendais-tu avec ton frère/ta sœur?	*How did you get along with your brother/sister?*
Pourquoi te disputais-tu avec tes parents?	*Why did you argue with your parents?*
Étais-tu un bon étudiant/une bonne étudiante?	*Were you a good student?*
Comment te comportais-tu à l'école?	*How did you behave at school?*
Quelle était ta matière scolaire préférée?	*Which was your favourite subject?*

ANSWERS – Unit 8

1. Complete: a) jeune b) plus c) portais d) faisait e) église f) étais g) robes h) maintenant i) entendais j) préféré

2. Match: mignon – cute   travailleur – hard-working   bavard – talkative   paresseux – lazy   rigolo – funny
pénible – annoying   potelé – chubby   sportif – sporty   joli – pretty   timide – shy   vilain – ugly   égoïste – selfish

3. Complete the words: a) **bavar**d b) **timid**e c) **travailleu**r d) **vilain** e) **maladroi**t f) **pénibl**e g) **mignon** h) **petit**

4. Translate: a) young b) talkative c) shy d) cute e) funny f) chubby g) sporty h) annoying i) clumsy

5. Complete the table: Masculine: sportif, paresseux, rigolo, travailleur   Feminine: mignonne, maladroite, potelée

6. Multiple choice quiz: temps libre (c)   plus fainéant (b)   j'avais (b)   j'allais (a)   je m'entendais bien (a)   c'était (c)
je me disputais (c)   potelé (b)   rigolo (a)   je me comportais (a)   quant à (c)   je portais (c)

7. Complete with the missing verbs: a) étais b) avais c) étais d) avais e) portais f) jouais g) faisais h) entendais

8. Split sentences: j'allais à l'église   j'étais plus paresseuse   j'aimais apprendre les langues   j'avais de bonnes notes
je faisais mes devoirs   je me comportais bien   je faisais du vélo   je me disputais souvent avec mon père
je m'entendais bien avec mes parents   j'étais fort en sciences   je portais de jolies robes roses

9. Find and write in: a) gymnastique b) casquette c) pénible/potelé(e) d) étais e) plus f) salopette g) mignon(ne)

10. Sort the items below in the categories: verbs: 1, 5, 9, 11   adjectives: 2, 3, 4, 7, 10, 12   nouns: 6, 8

11. Faulty translation: a) clumsy b) - c) ice skating d) chubbier e) less hard-working f) get along well g) -   h) bad grades

12. Translate: a) in my free time   b) when I was little   c) 10 years ago   d) as far as my studies are concerned
e) I used to argue   f) I used to go   g) I used to have   h) I used to love   i) I used to do

13. Complete the paragraph: étais ; maintenant ; portais ; robes ; temps ; au ; faisais ; allais ; préféré ; entendais ; avec

14. Slalom translation: a) quand j'étais plus jeune, j'étais plus mignon que maintenant
b) il y a dix ans j'étais beaucoup plus potelé   c) quand j'étais petit j'étais beaucoup plus pénible
d) à l'école, j'avais de bonnes notes   e) je me disputais avec mes parents tout le temps
f) pendant mon temps libre je faisais beaucoup de sport

15. Find in Jean's text: a) quand j'avais huit ans b) maintenant c) plus potelé d) je portais des lunettes
e) j'avais les cheveux très blonds   f) je portais toujours   g) j'avais beaucoup d'amis h) ils m'adoraient
i) je me comportais bien   j) j'adorais dessiner   k) je faisais beaucoup de sport   l) je faisais du skate
m) j'allais faire du vélo à la campagne

16. Complete: a) chubbier/glasses b) curly c) dungarees d) friends e) love f) did his homework/carefully   g) art
h) drawing   i) skateboarding   j) go cycling in the countryside

17. Translate: a) compared to b) now c) my teachers d) a lot of friends e) I used to wear f) I used to do   g) art
h) my free time   i) I used to go cycling   j) in the countryside   k) we used to run together

18. Find the French: a) j'étais très différente b) tout d'abord c) beaucoup plus maigre d) j'avais e) plus jolie
f) je portais toujours   g) je n'avais pas beaucoup d'amis   h) mes enseignants   i) je n'aimais que   j) elle était rigolote
k) affectueuse   l) je me comportais toujours bien   m) j'étais très attentive   n) j'adorais apprendre   o) de mon immeuble
p) on faisait des balades à vélo   p) on s'amusait beaucoup   r) ensemble

19. True, False or Not mentioned? a) false b) not mentioned   c) false, she used to be much prettier
d) false, she hated school   e) true   f) true   g) false, she used to play in her garden   h) true   i) not mentioned

20. Translate: a) compared to b) thinner c) she was funny d) in my free time e) my building f) we used to run
g) bike rides h) together i) foreign languages j) I only liked one teacher k) I didn't have many friends
l) we used to have a lot of fun m) I always used to behave well

21. Find in the text: a) rigolote   b) immeuble   c) comportais   d) affectueuse   e) car   f) à

22. Complete: a) temps   b) avais   c) plus   d) portais   e) au   f) quant   g) entendais   h) jolie   i) maladroite   j) jouais
k) maigre   l) pénible   m) portais   n) disputais   o) moche   p) marrante

23. Translate: a) plus   b) moins   c) maladroite   d) études   e) marrante/rigolote   f) mon   g) quand   h) travailleuse
i) souvent   j) notes   k) fort   l) langues   m) lunettes   n) salopette   o) pénible   p) potelée   q) assez   r) skate

24. Translate: a) il y a dix ans, j'étais plus mignon(ne)   b) quand j'avais huit ans, j'étais moins potelé(e)
c) quant à mes études, j'avais de bonnes notes   d) je me disputais beaucoup avec mes parents
e) pendant mon temps libre je faisais du skate   f) je portais des salopettes et des baskets
g) souvent j'allais au parc avec mon père h) j'étais plus travailleur/travailleuse i) quand j'étais petit(e), j'étais très marrant(e)

**25. Write a short paragraph about each of the young people below in the FIRST person singular (I) of the verbs
provided. Feel free to add in any connective words or phrases you feel fit.**

Jean-Marc: Il y a dix ans, j'étais très potelé et mignon et je portais des salopettes et des baskets. J'étais marrant et un peu
maladroit. Je m'entendais bien avec mes parents, mais je me battais avec mon frère tout le temps. J'étais travailleur et j'avais
de bonnes notes.

Suzanne: Quand j'étais plus jeune, j'étais beaucoup plus blonde et plus jolie aussi. Je portais des chapeaux et de jolies robes
roses. J'étais très pénible et bruyante. Je m'entendais bien avec mon père mais je me disputais avec ma mère parce qu'elle
était trop sévère. J'étais fainéante et j'avais toujours de mauvaises notes, surtout en maths.

Patrice: Quand j'avais treize ans, j'étais beaucoup plus mince, j'avais les cheveux longs et je portais des lunettes. J'étais très
méchant et têtu. Je m'entendais bien avec ma mère, mais je me disputais beaucoup avec mon père car il était trop sévère. Je
m'entendais bien avec mon professeur/enseignant de français, mais je détestais tous les autres profs.

Unit 9. Discussing the qualities of a good friend

À mon avis [In my opinion]	un bon ami [a good (masc) friend] une bonne amie [a good (fem) friend]	est [is]	quelqu'un d' [someone] quelqu'un de [someone] quelqu'un qui est [someone who is]	attentionné(e) [caring] disponible [available] drôle [funny] fidèle [loyal] généreux/(reuse) [generous] honnête [honest] humble [humble] ouvert(e) d'esprit [open-minded] positif/(tive) [positive]

La meilleure qualité [The best quality]	d'un ami [of a male friend] d'une amie [of a female friend]	c'est [it is]	la disponibilité [availability] la fidélité [loyalty] la générosité [generosity] l'honnêteté [honesty] l'humilité [humility] la positivité [positivity] le sens de l'humour [sense of humour]

Un vrai ami [A real friend (m)] Une vraie amie [A real friend (f)]	cherche à te faire plaisir [tries to please you] cherche toujours à comprendre ton point de vue [always tries to understand your point of view] est toujours là pour toi [is always there for you] est toujours prêt(e) à t'aider [is always ready to help you] ne te juge pas [doesn't judge you] pense à toi [thinks about you] respecte tes choix ou opinions [respects your choices or opinions] s'inquiète pour toi [worries about you] se réjouit vraiment de ton bonheur et de ta réussite [really rejoices for your happiness and success] t'aide dans tes pires moments [helps you in your worst moments] t'encourage quand tu n'as pas le moral [encourages you when you are down] te reste toujours fidèle [always stays loyal to you] tu peux compter sur lui/elle [you can count on him/her]

J'ai [I have] Je n'ai pas [I don't have]	beaucoup d'amis [many friends]

Mon meilleur ami (masc) [My best friend] Ma meilleure amie (fem)	s'appelle [is called]	Antoine Fabienne Marc Suzanne Béatrice Gabriel Marie Thérèse Didier Hélène Pierre Vincent

Il est [He is]	bavard [talkative] drôle [funny]	gentil [kind] intelligent	patient serviable [helpful]	sympa [friendly] travailleur [hard-working]

Elle est [She is]	bavarde [talkative] drôle [funny]	gentille[kind] intelligente	patiente serviable [helpful]	sympa [friendly] travailleuse [hard-working]

 **THE LANGUAGE GYM**

1. Match

À mon avis	Playful
Un bon ami	In my opinion
Quelqu'un	Available
Une bonne amie	Someone
Disponible	Reliable
Généreux	A good friend (masc)
Fiable	Generous
Fidèle	Loyal
Positif	Caring
Ouvert d'esprit	Positive
Drôle	A good friend (fem)
Attentionné	Kind
Gentil	Open-minded
Joueur	Funny

2. Complete with the missing letters

a. gen_ _ _ [kind]

b. fia_ _ _ [reliable]

c. dispon_ _ _ _ [available]

d. une bon_ _ amie [a good female friend]

e. à mon a_ _ _ [in my opinion]

f. jou_ _ _ [playful]

g. quelq'_ _ [someone]

h. attention_ _ _ [caring]

i. fid_ _ _ [loyal]

3. Complete

a. Un bon ami, c'est _____ d'attentionné: [A good friend is someone caring]

b. Une _____ amie, c'est quelqu'un d'humble: [A good friend is someone humble]

c. Un bon _____ c'est quelqu'un de généreux: [A good friend is someone generous]

d. Une bonne amie, _____ quelqu'un de fidèle: [A good friend is someone loyal]

e. _____ bon ami, c'est _____ de drôle: [A good friend is someone funny]

f. Une _____ _____, c'est quelqu'un de gentil: [A good friend is someone kind]

g. Un bon ami, c'est quelqu'un _____ est positif: [A good friend is someone who is positive]

h. Une bonne _____, c'est quelqu'un qui _____ patient: [A good friend is someone who is patient]

4. Spot the 5 wrong translations and correct them

a. disponible: *available*

b. drôle: *funny*

c. gentil: *talkative*

d. ouvert d'esprit: *friendly*

e. généreux: *generous*

f. honnête: *honest*

g. fidèle: *helpful*

h. serviable: *positive*

i. attentionné: *calm*

j. chaleureux: *warm*

5. Match the opposites

Humble	Froid
Honnête	Arrogant
Fidèle	Négatif
Généreux	Malhonnête
Chaleureux	Antipathique/méchant
Gentil	Infidèle
Ouvert d'esprit	Pessimiste
Positif	Égoïste
Optimiste	Fermé
Patient	Paresseux/fainéant
Travailleur	Impatient

THE LANGUAGE GYM

6. Positif ou Négatif?

serviable	humble	honnête	chaleureux	égoïste	froid
disponible	sympa	patient	colérique	méchant	gentil
pessimiste	antipathique	optimiste	fidèle	malhonnête	tranquille

Positif	Négatif
serviable,	

7. Anagrams – Rewrite the words correctly and translate them into English

a. bleDisipno: Disponible [EXAMPLE]

b. leDôr

c. ySpam

d. otenHnê

e. réueGénx

f. nnAienttttoé

g. umHelb

9. Spot the missing letter and correct

a. à mon avi: à mon avi**s** [EXAMPLE]

b. une bonne ami

c. quelq'un

d. disponile

e. honête

f. attentioné

g. généreu

h. overt

i. chalereux

j. drôl

k. fidèl

l. seviable

8. Translate into English

a. égoïste

b. généreux

c. honnête

d. ouvert d'esprit

e. gentil

f. chaleureux

g. méchant

h. impatient

i. joueur

j. serviable

10. For each noun write the corresponding adjective (see example)

Adjectif	Nom (noun)
disponible **[EXAMPLE]**	disponibilité
	fidélité
	générosité
	honnêteté
	positivité
	patience
	ouverture d'esprit
	gentillesse
	humilité

11. Match

La disponibilité	Positivity
La fidélité	Generosity
La fiabilité	Sense of humour
L'honnêteté	Open-mindedness
La patience	Reliability
L'ouverture d'esprit	Loyalty
La générosité	Kindness
L'humilité	Availability
La positivité	Patience
Le sens de l'humour	Honesty
La gentillesse	Humility

12. Guess the word (activity 11 may help)

a. la _ _ _ ti_ _ _ _ _ _

b. l' _ _ _ e _ _ _ _ _ ' _ r _ _

c. la _ _ _ _ r _ _ t _

d. la _ _ _ i _ _ e

e. la _ _ d _ _ _ t _

f. la _i_ _ _ l _ _ _

g. la _ _ _ _ o _ i _ _ _ l _ _ _

h. la _ o _ _ t _ _ t _

i. le _ _ n _ _ _ l' _ _ _ _ _ _

j. l' _ _ nn _ _ _ t _

13. Complete

a. Ma meilleure qualité, c'est mon _ _ _ _ _ _ _ ' _ _ _ _ _ _. *[My best quality is my sense of humour]*

b. Mon meilleur ami est très _ _ _ _ _ _. *[My best friend is very kind]*

c. Je suis assez _ _ _ _ _ _ _ _ ' _ _ _ _ _ _. *[I am quite open-minded (fem)]*

d. La meilleure qualité de mon ami Jean-Paul, c'est sa _ _ _ _ _ _ _ _ _ _ _ _ _.
[The best quality of my friend Jean-Paul is his availability]

e. Ce que j'aime le plus chez mes amis, c'est la _ _ _ _ _ _ _ _. *[What I like the most in my friends is loyalty]*

f. La _ _ _ _ _ _ _ _ _ qualité de mon petit copain, c'est sa positivité.
[The best quality of my boyfriend is his positivity]

g. Un bon ami c'est _ _ _ _ _ _ ' _ _ de fiable. *[A good friend is someone reliable]*

h. Une _ _ _ _ _ amie c'est quelqu'un _ _ _ est honnête. *[A good friend is someone who is honest]*

i. Ce que j'aime chez un ami c'est sa _ _ _ _ _ _ _ _ _. *[What I like in a friend is his reliability]*

14. Sentence puzzle – rewrite the sentences in the correct order

a. meilleure fidélité c'est Ma la qualité *[My best quality is loyalty]*

b. très généreux meilleur serviable Mon et est ami fiable *[My best friend is very generous, reliable and helpful]*

c. À meilleure sa bon qualité d'un ami c'est mon disponibilité on a avis un problème la quand
[In my opinion the best quality of a good friend is his availability when one has a problem]

d. qualité La meilleure son amie de Sylvie mon c'est ouverture d'esprit
[The best quality of my friend Sylvie is her open-mindedness]

e. mon qui À une avis amie c'est bonne quelqu'un attentionné est
[In my opinion a good (female) friend is someone (who is) caring]

f. et Ce disponibilité leur j'aime mes amis que leur fidélité, le plus c'est sens de l'humour leur chez
[What I like the most about my friends, is their loyalty, their sense of humour and their availability]

15. Complete

a. Un vrai ami _ _ _ _ _ _ _ à te faire plaisir: *[A real friend tries to make you happy]*

b. Un vrai ami est toujours _ _ pour toi: *[A real friend is always there for you]*

c. Une vraie amie est toujours _ _ _ _ _ à t'aider: *[A real friend is always ready to help you]*

d. Un vrai ami ne te _ _ _ _ pas: *[A real friend doesn't judge you]*

e. Un vrai ami t'aide dans tes _ _ _ _ _ moments: *[A real friend helps you in your worst moments]*

f. Un vrai ami te _ _ _ _ _ toujours fidèle: *[A real friend always stays loyal to you]*

g. Une vraie amie respecte tes _ _ _ _ _ ou opinions: *[A real friend respects your choices or opinions]*

h. Un vrai ami se _ _ _ _ _ _ _ vraiment de ta réussite: *[A real friend really rejoices in your success]*

i. Une vraie amie s'_ _ _ _ _ _ _ _ pour toi: *[A real friend worries about you]*

j. Un vrai ami se réjouit vraiment de ton _ _ _ _ _ _ _: *[A real friend rejoices in your happiness]*

k. Un vrai ami cherche toujours à _ _ _ _ _ _ _ _ _ _ ton point de vue:
[A real friend always tries to understand your point of view]

---

16. Spot and supply the missing word

a. Un vrai ami cherche te faire plaisir.

b. Un vrai ami inquiète pour toi.

c. Un vrai ami te juge pas.

d. Une vraie est toujours prête à t'aider.

e. Un vrai ami t'aide dans pires moments.

f. Un vrai ami respecte choix et opinions.

g. Un vrai ami te toujours fidèle.

h. Un vrai ami réjouit vraiment de ton bonheur.

---

17. Spot and correct the wrong translation

a. Un vrai ami te reste toujours fidèle:
[A true friend trusts you]

b. Une vraie amie s'inquiète pour toi:
[A true friend encourages you]

c. Un vrai ami est toujours prêt à t'aider:
[A true friend is always ready to help you]

d. Une vraie amie pense à toi:
[A true friend thinks about you]

e. Un vrai ami se réjouit de ta réussite:
[A true friend rejoices in your happiness]

f. Une vraie amie ne te juge pas:
[A true friend doesn't judge you]

---

18. Match French and English

French	English
Tes choix	Is always there
Ton bonheur	Your choices
S'inquiète	Your success
Se réjouit	To help
Est toujours là	Your happiness
Ta réussite	Stays loyal
Est toujours prêt	Gets worried
Ne te juge pas	Rejoices
Aider	Doesn't judge you
Reste fidèle	Is always ready
Est drôle	Truly, really
Dans les pires moments	Is funny
Vraiment	Availability
La disponibilité	At the worst times

 **THE LANGUAGE GYM**

19. Gapped translation

a. Une <u>vraie</u> amie est toujours <u>prête à t'aider</u>: *A _____ friend is always _____*

b. Un vrai ami <u>pense à</u> toi: *A real friend _____ you*

c. Je n'ai pas <u>beaucoup d'amis</u>: *I don't have _____*

d. Un bon ami ne <u>te juge</u> pas: *A good friend doesn't _____*

e. Une bonne amie <u>t'aide</u> dans tes pires moments: *A good friend _____ at your worst times*

f. Un vrai ami <u>s'inquiète</u> pour toi: *A real friend _____ about you*

g. Un vrai ami <u>cherche</u> à te faire plaisir: *A real friend _____ to make you happy*

h. Une bonne amie te reste toujours <u>fidèle</u>: *A good friend always stays _____ to you*

i. Une vraie amie respecte tes <u>choix</u>: *A real friend respects your _____*

---

20. Slalom translation – Translate the sentence below into French by selecting the correct square in the grid below as show in the example for sentence 1.

a. My best (female) friend rejoices in my success and happiness	e. My best friend is always there for me
b. The best quality of a friend is honesty	f. A good (female) friend never judges you
c. A real friend worries about you	g. A very good friend helps you in your worst moments
d. A good friend tries to make you happy	h. A true (female) friend always tries to understand your point of view

Ma meilleure amie (a)	cherche	s'inquiète	**de mon bonheur. (a)**
Mon meilleur ami	ami	c'est	plaisir.
La meilleure qualité	**se réjouit de (a)**	te juge	ton point de vue.
Une vraie amie	ne	toujours là	pour toi.
Un bon ami	est	**ma réussite et (a)**	moments.
Une très bonne	d'un ami	à comprendre	pour moi.
Un vrai	amie t'aide	à te faire	jamais.
Une bonne amie	cherche toujours	dans tes pires	l'honnêteté.

Quelles sont les qualités d'un bon ami? À mon avis un bon ami c'est tout d'abord quelqu'un de très attentionné. Il s'inquiète pour toi ; il pense à toi ; il cherche toujours à te faire plaisir ; il est toujours prêt à t'encourager quand tu n'as pas le moral. Pour moi, cela est très important. En plus, un vrai ami est toujours disponible. Il est toujours prêt à t'aider quand tu as des problèmes. Il t'aide dans tes pires moments et ne te juge pas. Il cherche toujours à comprendre ton point de vue. Aussi, un vrai ami est humble et respecte toujours tes choix et opinions. Mais à mon avis la meilleure qualité d'un vrai ami, c'est la fidélité. Un bon ami te reste toujours fidèle <u>quoi qu'il en soit</u> *[whatever the case]*. Mon meilleur ami s'appelle Jérôme. Il est toujours attentionné, disponible, généreux, ouvert d'esprit et positif. En plus, il est intelligent, compréhensif et très honnête. Ses meilleures qualités? Le sens de l'humour et la fidélité.

(Jean-François, 16 ans)

22. Find the French equivalent

a. Someone caring:

b. He worries about you:

c. He tries to please you:

d. When you are down:

e. Always available:

f. Ready to help you:

g. In your worst moments:

h. Loyalty:

i. A good friend stays loyal to you:

j. My best friend:

k. Open-minded:

l. Honest:

m. His best qualities:

21. Gapped sentences

a. A good friend is someone who is very _____ [lines 2-3]

b. He always tries to _____ [lines 3-4]

c. He is always ready to encourage you when _____ [lines 4-5]

d. He is always ready to help you when you have _____ [lines 7- 8]

e. He helps you at _____ and doesn't _____ [lines 8- 9]

f. He always tries to _____ _____ [lines 9-10]

g. In my opinion the best quality is _____ [line 12-13]

h. A good friend always stays _____ [line 13]

i. Jérôme is always _____, _____, generous, _____ and positive [lines 15-16]

23. Translate the following phrases taken from Jean-François' text into English

a. À mon avis:

b. Il s'inquiète pour toi:

c. Il pense à toi:

d. Quand tu n'as pas le moral:

e. Il est toujours disponible:

f. Dans tes pires moments:

g. Un bon ami:

h. Te reste toujours fidèle:

i. Mon meilleur ami:

j. Il est toujours attentionné:

k. Très honnête:

Quelles sont les qualités d'une bonne amie? À mon avis, la meilleure qualité d'une vraie amie, c'est la fidélité. Une bonne amie te reste toujours fidèle quoi qu'il en soit *[whatever the case]*. Elle ne t'abandonne jamais, surtout dans tes pires moments ou quand tu te sens seule et n'as pas le moral. Une bonne amie est aussi quelqu'un de très attentionné qui pense à toi, t'appelle tous les jours pour savoir comment tu vas et s'inquiète pour toi quand tu es triste ou malade. Pour moi, cela est très important. En plus, une vraie amie est toujours honnête et sincère. Elle te dit exactement ce qu'elle pense. Même si elle cherche toujours à comprendre ton point de vue et elle te donne son opinion franchement. Une vraie amie est aussi humble. Elle respecte tes choix et opinions et ne te juge pas. Ma meilleure amie s'appelle Fabienne. Elle est très attentionnée, généreuse, drôle et bavarde. Ses meilleures qualités? La fidélité, la générosité et la disponibilité. Elle est toujours là pour moi! **(Céline, 17 ans)**

24. Find the French equivalent

a. The best quality

b. Always stays loyal to you

c. She never abandons you

d. Especially

e. When you feel lonely

f. Who thinks of you

g. Calls you every day

h. Honest and sincere

i. Even if

j. She gives you her opinion frankly

k. Doesn't judge you

l. Funny

26. Find in the text the following

a. A adjective starting with 'F':

b. An adjective starting with 'D':

c. An adjective starting with 'H':

d. A conjunction starting with 'M':

e. A noun starting with 'C':

f. A verb starting with 'C':

g. An adjective starting with 'H':

h. An adjective starting with 'G':

i. A time adverb starting with 'T':

25. Answer the questions on the text

a. What is the best quality of a true friend according to Céline?

b. What does a good friend not do to you when you feel lonely and down?

c. What does a friend do to show you they care?

d. What does an honest and sincere friend do?

e. What 4 adjectives does Céline use to describe Fabienne?

1   3

2   4

f. What are Fabienne's best qualities?

1

2

3

g. What does the last sentence in Céline's text mean?

THE LANGUAGE GYM

27. Translate into English

a. à mon avis

b. un bon ami

c. fidèle

d. attentionné

e. ouvert d'esprit

f. drôle

g. bavard

h. serviable

i. disponible

j. honnêteté

k. prêt

l. juger

m. comprendre

n. chercher

o. prêt à aider

p. rester fidèle

q. bonheur

r. réussite

s. s'inquiéter

t. choix

u. tes pires moments

28. Complete

a. U_ b___ a____ c_____ à t_ f_____ p_____ *[A good (male) friend tries to please you]*

b. U__ v_____ a____ t'a_____ d_____ t___ p_____ m_____
[A true friend (female) helps you in your worst moments]

c. U_ b___ a___ t_ r_____ t_____ f_____ *[A good (male) friend always stays loyal to you]*

d. L_ m_____ q_____ c'e_____ l_ f_____ *[The best quality is loyalty]*

e. U___ b_____ a_____ e___ a_____ *[A good (female) friend is caring]*

f. M__ m_____ a___ e____ t____ d_____ *[My best (male) friend is very funny]*

g. M__ m_____ a____ e___ t_____ s_____ *[My best (female) friend is very helpful]*

29. Translate the following paragraphs into French

(a) I do not have a lot of friends, but friendship is important for me. In my opinion, a true friend is someone who is caring, available, open-minded and honest. He doesn't judge you, he is always there for you, worries about you and rejoices in your success and your happiness. My best friend is very generous, honest, helpful, patient and very funny.

(b) I have a lot of friends. Friendship is very important for me. In my opinion, a good friend is someone who thinks of you every day, calls you to know how you are feeling and is always ready to help you and encourage you when you are down. A true friend never judges you and listens to you for hours. He respects your opinion. My best friend is very caring, talkative and funny.

(c) I have one true (female) friend. Her name is Florence. She is very important for me. She is very kind, caring, available, loyal and always very positive. Positivity is very important in a friend. She also has a good sense of humour. Florence never judges me. She listens and tries to understand my point of view. She is always there for me when I am feeling down. What I like the most about her is that she respects my choices and opinions and always gives me her honest opinion.

Key questions

Parle-moi de tes amis (amies).	*Tell me about your friends.*
Tu as beaucoup d'amis (amies)?	*Do you have a lot of friends?*
Que fais-tu avec tes amis (amies)?	*What do you do with your friends?*
Parle-moi de la dernière fois que tu es sorti(e) avec des amis (amies).	*Tell me about the last time you went out with some friends.*
Quelles sont les qualités les plus importantes d'un bon ami (une bonne amie)?	*What are the most important qualities of a good friend?*
Es-tu un bon ami (une bonne amie)?	*Are you a good friend?*
Qui est ton meilleur ami (ta meilleure amie)?	*Who is your best friend?*
Décris ton meilleur ami (ta meilleure amie)	*Describe your best friend*
Que faites-vous quand vous êtes ensemble?	*What do you do when you are together?*
Pourquoi tu t'entends bien avec lui (elle)?	*Why do you get along with him (her)?*
Tu te disputes avec lui (elle)? Pourquoi?	*Do you argue with him (her)? Why?*

ANSWERS – Unit 9

1. Match: à mon avis – in my opinion   un bon ami – a good friend (masc)   quelqu'un – someone
une bonne amie – a good friend (fem)   disponible – available   généreux – generous   fiable – reliable   fidèle – loyal
positif – positive   ouvert d'esprit – open-minded   drôle – funny   attentionné – caring   gentil – kind   joueur – playful

2. Complete: a) gen**til**   b) fia**ble**   c) dispon**ible**   d) bon**ne**   e) a**vis**   f) joue**ur**   g) un   h) attention**née**   i) fid**èle**

3. Complete: a) quelqu'un   b) bonne   c) ami   d) c'est   e) un/quelqu'un   f) bonne amie   g) qui   f) amie/est

4. Spot the 5 wrong translations and correct them
a) -   b) -   c) kind   d) open-minded   e) -   f) -   g) loyal   h) helpful   i) caring   j) -

5. Match the opposites: humble – arrogant   honnête – malhonnête   fidèle – infidèle   généreux – égoïste
chaleureux – froid   gentil – antipathique/méchant   ouvert d'esprit – fermé   positif – négatif   optimiste – pessimiste
patient – impatient   travailleur – paresseux/fainéant

6. Positif ou Négatif? Positif: serviable, humble, honnête, chaleureux, disponible, sympa, patient, gentil, optimiste, fidèle,
tranquille   Négatif: égoïste, froid, colérique, méchant, pessimiste, antipathique, malhonnête

7. Anagrams: a) disponible   b) drôle   c) sympa   d) honnête   e) généreux   f) attentionné   g) humble

8. Translate: a) selfish   b) generous   c) honest   d) open-minded   e) kind   f) warm   g) mean   h) impatient   i) playful   j) helpful

9. Spot the missing letter: a) av**i**s   b) am**ie**   c) quelq**u**'   d) dispon**i**ble   e) hon**n**ête   f) attention**né**   g) généreu**x**
h) o**u**vert d'esprit   i) chal**e**ureux   j) drôl**e**   k) fidèl**e**   l) se**r**viable

10. For each noun write the corresponding adjective: disponible, fidèle, généreux, honnête, positif, patient,
ouvert d'esprit, gentil, humble

11. Match: la disponibilité – availability   la fidélité – loyalty   la fiabilité – reliability   l'honnêteté – honesty
la patience – patience   l'ouverture d'esprit – open-mindedness   la générosité – generosity   l'humilité – humility
la positivité – positivity   le sens de l'humour – sense of humour   la gentillesse - kindness

12. Guess the word: a) la gentillesse   b) l'ouverture d'esprit   c) la générosité   d) la patience   e) la fidélité   f) la fiabilité
g) la disponibilité   h) la positivité   i) le sens de l'humour   j) l'honnêteté

13. Complete: a) sens de l'humour   b) gentil   c) ouverte d'esprit   d) disponibilité   e) fidélité   f) meilleure   g) quelqu'un
h) bonne/qui   i) fiabilité

14. Sentence puzzle: a) ma meilleure qualité c'est la fidélité   b) mon meilleur ami est très généreux, fiable et serviable
c) à mon avis la meilleure qualité d'un bon ami c'est sa disponibilité quand on a un problème
d) la meilleure qualité de mon amie Sylvie c'est son ouverture d'esprit
e) à mon avis une bonne amie c'est quelqu'un qui est attentionné
f) ce que j'aime le plus chez mes amis c'est leur fidélité, leur sens de l'humour et leur disponibilité

15. Complete: a) cherche   b) là   c) prête   d) juge   e) pires   f) reste   g) choix   h) réjouit   i) inquiète   j) bonheur   k) comprendre

16. Spot and write in the missing word: a) **à** te   b) **s'**inquiète   c) **ne** te   d) **amie** est   e) **tes** pires   f) **tes** choix
g) **reste** toujours   h) **se** réjouit

17. Spot and correct the wrong translation: a) stays loyal to you   b) worries about you   c) -   d) -   e) in your success   f)-

18. Match: tes choix – your choices   ton bonheur – your happiness   s'inquiète – gets worried   se réjouit – rejoices
est toujours là – is always there   ta réussite – your success   est toujours prêt – is always ready
ne te juge pas – doesn't judge you   aider – to help   reste fidèle – stays loyal   est drôle – is funny
dans les pires moments – at the worst times   vraiment – truly, really   la disponibilité – availability

 **THE LANGUAGE GYM**

19. Gapped translation: a) true/ready to help you b) thinks about c) many friends d) judge you e) helps you f) worries
g) tries h) loyal i) choices

20. Slalom translation: a) ma meilleure amie se réjouit de ma réussite et de mon bonheur
b) la meilleure qualité d'un ami c'est l'honnêteté   c) un vrai ami s'inquiète pour toi   d) un bon ami cherche à te faire plaisir
e) mon meilleur ami est toujours là pour moi   f) une bonne amie ne te juge jamais
g) une très bonne amie t'aide dans tes pires moments   h) une vraie amie cherche toujours à comprendre ton point de vue

21. Gapped sentences: a) caring   b) please you   c) are down   d) problems   e) your worst moments/judge you
f) understand your point of view g) loyalty h) loyal i) caring/available/open-minded

22. Find the French: a) quelqu'un d'attentionné   b) il s'inquiète pour toi   c) il cherche à te faire plaisir
d) quand tu n'as pas le moral   e) toujours disponible   f) prêt à t'aider   g) dans tes pires moments   h) fidélité
i) un bon ami te reste fidèle   j) mon meilleur ami k) ouvert d'esprit l) honnête m) ses meilleures qualités

23. Translate: a) in my opinion   b) he worries about you   c) he thinks about you   d) when you are down
e) he is always available   f) in your worst moments   g) a good friend   h) always stays loyal to you i) my best friend
j) he is always caring   k) very honest

24. Find the French: a) la meilleure qualité   b) te reste toujours fidèle   c) elle ne t'abandonne jamais   d) surtout
e) quand tu te sens seule   f) qui pense à toi   g) t'appelle tous les jours   h) honnête et sincère i) même si
j) elle te donne son opinion franchement   k) ne te juge pas   l) drôle

25. Answer: a) loyalty   b) she never abandons you   c) calls you every day   d) she tells you exactly what she thinks
e) caring, generous, funny, talkative   f) loyalty, generosity, availability   g) she is always there for me

26. Find in the text: a) fidélité b) drôle c) honnête d) même e) choix f) cherche g) humble h) généreuse i) toujours

27. Translate: a) in my opinion   b) a good friend   c) loyal   d) caring   e) open-minded   f) funny   g) talkative h) helpful
i) available j) honesty k) ready l) to judge m) to understand n) to try/to look for o) ready to help p) to stay loyal
q) happiness r) success s) to worry t) choices u) your worst moments

28. Complete: a) un bon ami cherche à te faire plaisir   b) une vraie amie t'aide dans tes pires moments
c) un bon ami te reste toujours fidèle   d) la meilleure qualité c'est la fidélité   e) une bonne amie est attentionnée
f) mon meilleur ami est très drôle   g) ma meilleure amie est très serviable

29. Translate the following paragraphs into French

a) Je n'ai pas beaucoup d'amis, mais l'amitié est importante pour moi. À mon avis, un vrai ami est quelqu'un qui est attentionné, disponible, ouvert d'esprit et honnête. Il ne te juge pas, il est toujours là pour toi, s'inquiète pour toi et se réjouit de tes succès et de ton bonheur. Mon meilleur ami est très généreux, honnête, serviable, patient et très drôle.

b) J'ai beaucoup d'amis. L'amitié est très importante pour moi. À mon avis, un bon ami est quelqu'un qui pense à toi tous les jours, t'appelle pour savoir comment tu vas et est toujours prêt à t'aider et à t'encourager quand tu n'as pas le moral. Un vrai ami ne te juge jamais et t'écoute pendant des heures. Il respecte ton opinion. Mon meilleur ami est très attentionné, bavard et drôle.

c) J'ai une vraie amie. Elle s'appelle Florence. Elle est très importante pour moi. Elle est très gentille, attentionnée, disponible, fidèle et toujours très positive. La positivité est très importante chez une amie. Elle a aussi un bon sens de l'humour. Florence ne me juge jamais. Elle m'écoute et cherche à comprendre mon point de vue. Elle est toujours là pour moi quand je n'ai pas le moral. Ce que j'aime le plus chez elle c'est qu'elle respecte mes choix et opinions et elle me donne toujours son honnête opinion.

Unit 10. Describing the qualities of a good partner

Mon/Ma partenaire idéal(e) [My ideal partner]	*c'est quelqu'un de/d' [is someone] * This structure always need a masculine adjective because it agrees with "quelq'un" est [is] serait [would be]	affectueux(euse) [affectionate] amoureux(euse) [loving] attentionné(e) [caring] empathique [empathetic] fiable [reliable] fidèle [loyal] fort(e) [strong] généreux(euse) [generous] gentil(le) [kind]	honnête [honest] joyeux(euse) [cheerful] mature [mature] ouvert(e) d'esprit [open-minded] passionné(e) [passionate] positif (positive) [positive] rigolo(te) [funny] romantique [romantic] sensible [sensitive]

Il [He] Elle [She]	a les mêmes goûts que moi [has the same tastes as me] a les mêmes intérêts que moi [has the same interests as me] essaie de me comprendre [tries to understand me] essaie de me faire plaisir [tries to please me, make me happy] me fait confiance [trusts me] me fait des cadeaux [gets me gifts] me fait des câlins [gives me hugs] me laisse assez de liberté [gives me enough freedom] me soutient quoique je fasse [supports me whatever I do] me remonte le moral quand je suis triste [cheers me up when I am sad] me reste toujours fidèle [always stays loyal to me] me traite bien [treats me well] ne me ment pas [doesn't lie to me] ne veut pas toujours avoir raison à tout prix [doesn't want to always be right at all costs] respecte mes choix et opinions [respects my choices and opinions] sait m'écouter [is a good listener (literally: knows how to listen)] se fâche rarement avec moi [rarely gets angry with me]

Nous [We]	nous amusons beaucoup ensemble [we have a lot of fun together] nous disputons rarement [we rarely argue]

Sa meilleure qualité c'est [His/her best quality is]	l'empathie [empathy] la fidélité [loyalty] la générosité [generosity] l'honnêteté [honesty] l'ouverture d'esprit [open-mindedness] la prévenance [thoughtfullness] le sens de l'humour [sense of humour]

Ce que je n'aime pas chez mon/ma partenaire, c'est [What I don't like in my partner is his/her]	son arrogance son égoïsme [selfishness] son infidélité [infidelity] sa jalousie [jealousy] son caractère autoritaire [bossy personality] son comportement abusif [abusive behaviour] ses mensonges [lies]

1. Match up

Rigolo	Cheerful
Affectueux	Generous
Joyeux	Affectionate
Généreux	Open-minded
Passionné	Sensitive
Fort	Faithful
Attentionné	Passionate
Ouvert d'esprit	Mature
Sensible	Caring
Fidèle	Honest
Honnête	Reliable
Fiable	Strong
Mature	Funny

2. Missing letters

a. ri__olo

b. for__

c. ma_ure

d. attention__é

e. o__vert d'esprit

f. fid__le

g. g__n__reux

h. fi__ble

i. honn__te

j. affect__eux

3. Complete

a. _ _ _ _ _ _ [cheerful]

b. _ _ _ _ _ _ d'esprit [open-minded]

c. _ _ _ _ _ _ [mature]

d. _ _ _ _ _ _ [reliable]

e. _ _ _ _ _ _ [honest]

f. _ _ _ _ _ _ [funny]

g. _ _ _ _ _ _ _ _ _ _ [caring]

h. _ _ _ _ [strong]

i. _ _ _ _ _ _ _ _ [passionate]

4. Masculine and Feminine of adjectives – complete the table

Masculine	Feminine
généreux	
rigolo	
fort	
sensible	
passionné	
intelligent	
joyeux	
attentionné	
fiable	

5. Translate into English

a. Je suis quelqu'un de fiable.

b. Mon partenaire est quelqu'un d'ouvert d'esprit.

c. Ma femme est fidèle.

d. Mon mari est très attentionné.

e. Mon petit copain est très jaloux.

f. Ma fiancée est très sensible.

g. Ma petite copine est très gentille.

h. Mon époux est quelqu'un de joyeux.

i. Mon épouse est très rigolote.

j. Mon fiancé est jeune, mais très mature pour son âge.

USEFUL VOCABULARY

ma femme: my wife

ma fiancée: my fiancée

ma partenaire: my (female) partner

ma petite copine: my girlfriend

mon épouse: my (female) spouse

mon époux: my (male) spouse

mon fiancé: my fiancé

mon mari: my husband

mon partenaire: my (male) partner

mon petit copain: my boyfriend

6. Match the opposites

rigolo (1)	triste
fidèle	faible
affectueux	**sérieux (1)**
sensible	fermé [close-minded]
joyeux	infidèle
fort	froid
ouvert d'esprit	bête
intelligent	insensible
généreux	malhonnête
honnête	égoïste

TARGET VOCABULARY

Il/Elle **a les mêmes goûts que moi** *[has the same tastes as me]*

a les mêmes intérêts que moi *[has the same interests as me]*

essaie de me comprendre *[tries to understand me]*

essaie de me faire plaisir *[tries to please me]*

sait m'écouter *[is a good listener (literally: knows how to listen to me)]*

me fait confiance *[trusts me]*

me fait souvent des cadeaux *[often gets me gifts]*

me fait des câlins *[gives me hugs]*

me laisse assez de liberté *[gives me enough freedom]*

me remonte le moral quand je suis triste *[cheers me up when I am sad]*

me soutient quoique je fasse *[supports me whatever I do]*

me reste toujours fidèle *[stays loyal to me]*

me traite bien *[treats me well]*

ne me ment jamais *[never lies to me]*

ne veut pas toujours avoir raison à tout prix *[doesn't want to always be right at all costs]*

respecte mes choix et opinions *[respects my choices and opinions]*

se fâche rarement avec moi *[rarely gets angry with me]*

---

7. Complete based on the vocabulary above

a. Il a les mêmes goûts que _____.

b. Elle a les mêmes _____ que moi.

c. Elle ne veut pas avoir _____ à tout prix.

d. Il ne ment _____.

e. Il me _____ bien.

f. Il me soutient quoique je _____.

g. Il se _____ rarement avec moi.

h. Il me _____ des câlins.

8. Spot and write in the missing word

a. Il traite bien.

b. Il me des cadeaux.

c. Il respecte choix et opinions.

d. Il m'écouter.

e. Il a les mêmes goûts moi.

f. Il me fait câlins.

g. Il ne veut pas avoir raison tout prix.

h. Il me le moral quand je suis triste.

---

9. Select from the 'target vocabulary' box above the top 5 traits of your ideal partner and list them here:

1.

2.

3.

4.

5.

10. Six of the eight sentences below have been translated incorrectly. Spot and fix them

a. Mon partenaire me laisse assez de liberté: *My partner cheers me up*

b. Mon mari ne me ment jamais: *My husband never lies to me*

c. Mon petit copain a les mêmes goûts que moi: *My boyfriend has the same tastes as me*

d. Ma partenaire me fait confiance: *My girlfriend trusts me*

e. Ma petite copine me soutient quoique je fasse: *My girlfriend is a good listener*

f. Ma femme sait m'écouter: *My wife hugs me*

g. Mon partenaire idéal me reste toujours fidèle: *My ideal partner respects my choices*

h. Mon époux me fait souvent des cadeaux: *My spouse gives me enough freedom*

Martine: « Mon petit copain me respecte et me laisse assez de liberté. »

Suzanne: « Mon partenaire idéal est quelqu'un qui essaie toujours de me faire plaisir. »

Jean-François: « Ma petite copine ne me ment jamais. Cela est très important pour moi. »

Pauline: « Mon partenaire me soutient quoi que je fasse. »

Philippe: « Ma femme est très patiente et compréhensive. Elle sait m'écouter. J'aime cela. »

Olivier: « Mon partenaire idéal est quelqu'un qui a les mêmes goûts que moi. »

Corinne: « Je préfère quelqu'un de rigolo, qui me remonte le moral quand je suis triste. »

Nadège: « Je veux un partenaire qui se fâche rarement et sait m'écouter. »

---

11. Answer the questions from the above sentences

a. Who thinks that not telling lies is very important?

b. What does Philippe like about his wife? (3 details)

c. Who wants a partner who has the same tastes as them?

d. What must Suzanne's partner do?

e. Who wants a partner who can cheer them up when they are sad?

f. Who believes loyalty is important in a partner?

g. What does Pauline say about her partner?

h. How many people want a partner who rarely gets angry?

THE LANGUAGE GYM

12. Gapped translation

a. Mon mari me fait toujours des _ _ _ _ _ _: *My husband always hugs me.*

b. Mon petit copain _ _ _ _ _ _ _ toujours fidèle: *My boyfriend always stays faithful to me.*

c. Mon partenaire idéal me _ _ _ _ _ _ _ _ quoique je fasse: *My ideal partner supports me whatever I do.*

d. Ma femme _ _ _ _ _'écouter: *My wife is a good listener (knows to listen to me).*

e. Ma petite copine a les mêmes _ _ _ _ _ que moi: *My girlfriend has the same tastes as me.*

f. Ma partenaire idéale essaie toujours de me faire _ _ _ _ _ _ _:

My ideal partner always tries to please me (to make me pleasure).

g. Mon mari se fâche _ _ _ _ _ _ _ _. J'aime cela: *My husband gets angry rarely. I like that.*

h. Je veux quelqu'un qui me fait _ _ _ _ _ _ _ _ _: *I want someone who trusts me.*

13. Sentence puzzle – rewrite the sentences in the correct order

a. Mon se fâche partenaire idéal rarement:

b. soutient Ma quoique femme je idéale fasse me:

c. écouter sait Mon mari m':

d. ne veut Mon pas partenaire avoir raison prix à tout:

e. triste Mon me quand remonte suis le je moral homme idéal:

f. me Mon confiance fait petit copain:

g. partenaire Mon essaie de toujours idéal plaisir faire me:

h. me toujours fait des Ma petite copine câlins:

14. Match up

Il me reste toujours fidèle	He never gets angry
Il me fait toujours des câlins	He doesn't always want to be right at all costs
Il ne se fâche jamais	He always tries to please me
Il a les mêmes intérêts que moi	He always gives me hugs
Il ne veut pas toujours avoir raison à tout prix	He never lies to me
Il essaie toujours de me faire plaisir	He treats me well
Il me soutient quoique je fasse	He has the same interests as me
Il ne me ment jamais	He often gives (makes) me gifts
Il me fait confiance	He always stays faithful to me
Il me traite bien	He is a good listener
Il me fait souvent des cadeaux	He trusts me
Il a les mêmes goûts que moi	He supports me whatever I do
Il sait m'écouter	He has the same tastes as me

Mon partenaire idéal est attirant, intelligent et a un bon sens de l'humour. En plus, c'est quelqu'un de patient et d'empathique. Il sait écouter et me soutient quoique je fasse. Aussi, il essaie toujours de comprendre mon point de vue. À mon avis, la qualité la plus importante chez un partenaire, c'est l'empathie. (**Mélanie**)

Mon partenaire idéal est quelqu'un d'affectueux, d'attentionné et de serviable. Il est fiable, fidèle et me fait confiance. Aussi, il respecte mes opinions. Finalement, mon partenaire idéal, c'est quelqu'un d'ouvert d'esprit et d'humble. Il ne veut pas toujours avoir raison à tout prix et ne juge pas. Pour moi l'humilité et l'ouverture d'esprit sont des qualités très importantes. (**Sandrine**)

Mon partenaire idéal est beau, sérieux, fiable et travailleur. En plus, c'est quelqu'un d'ouvert d'esprit et d'intelligent. Il sait écouter et est toujours prêt à m'aider. Aussi, il respecte mes choix et opinions. Finalement, mon partenaire idéal, c'est quelqu'un qui me reste toujours fidèle. La fidélité est la qualité la plus importante d'un bon partenaire. (**Florence**)

15. Find someone who...

a. ...believes empathy is the most important quality of a good partner

b. ...wants an attractive partner with a good sense of humour

c. ...thinks an ideal partner always tries to understand their other half's point of view

d. ...thinks loyalty is the most important quality of a good partner

e. ...wants a partner who is a good listener and is always ready to help

f. ...believes that open-mindedness is the most important quality of a good partner

g. ...says that her ideal partner is someone who would support her whatever she does

h. ...seeks a partner who is affectionate, thoughtful and helpful

16. Find in Mélanie's text the French equivalent of the following

a. Attractive:

b. A good sense of humour:

c. Whatever I do:

d. Always tries:

e. My point of view:

f. In my opinion:

g. The most important quality:

17. Complete the translation of Florence's text below

My ideal partner is _____, serious, _____ and hard-working. Moreover, he is someone _____ and intelligent. He is a good listener and is always ready to _____. Also, he respects my _____ and opinions. Finally, my ideal partner is someone who stays _____. _____ is the most important quality of a _____ partner.

18. Translate into English the following phrases/sentences taken from Sandrine's text

a. Quelqu'un d'affectueux

b. Il me fait confiance

c. Il respecte mes opinions

d. Quelqu'un d'ouvert d'esprit

e. Il ne veut pas toujours avoir raison

f. À tout prix

g. Pour moi

h. L'ouverture d'esprit

19. Complete with an appropriate word

a. Il me fait des _____   f. Il ne me _____ jamais

b. Il respecte mes _____   g. Il se _____ rarement

c. Je cherche quelqu'un de _____   h. Il me soutient quoique je _____

d. Il me laisse assez de _____   i. Il ne veut pas toujours avoir _____

e. Il est _____   j. La _____ est sa qualité la plus importante

20. Slalom translation – translate the sentences below selecting and numbering off the appropriate boxes as shown in the example

1. My partner trusts me	2. My husband never lies to me	3. My boyfriend gives me enough freedom	4. My girlfriend rarely gets angry
5. My wife respects my choices	6. My partner cheers me up when I am sad	7. My spouse is always ready to help me	8. He has the same tastes as me

Mon partenaire (1)	les mêmes	fâche	jamais
Ma femme	me (1)	mes	liberté
Mon mari	ne me	fait (1)	choix
Mon	respecte	ment	quand je suis triste
Mon petit copain	se	assez de	m'aider
Mon époux	partenaire me remonte	prêt à	confiance (1)
Il a	me laisse	goûts	rarement
Ma petite copine	est toujours	le moral	que moi

21. Translate into French

a. My (female) spouse

b. My husband

c. My wife

d. My girlfriend

e. My boyfriend

f. My (male) spouse

g. My (male) partner

h. My (female) partner

22. Match up

la jalousie	bossy personality
le caractère autoritaire	selfishness
la générosité	stinginess
la fidélité	lies
l'égoïsme	love
la prévenance	open-mindedness
l'ouverture d'esprit	thoughtfulness
l'amour	loyalty
l'avarice	generosity
les mensonges	jealousy

23. Translate from memory

a. Mon mari me fait confiance

b. Mon partenaire ne me juge pas

c. Mon petit copain me traite bien

d. Ma femme me laisse assez de liberté

e. Ma petite copine ne me ment pas

f. Mon partenaire idéal est attentionné

g. Mon épouse ne se fâche jamais

h. Mon petit copain me soutient

i. Mon partenaire idéal est ouvert d'esprit et patient

j. Il respecte mes choix et opinions

k. Il est honnête et compréhensif

l. Elle a les mêmes goûts et intérêts que moi

m. Mon petit copain me remonte le moral

n. Ma petite copine est toujours prête à m'aider

24. Translate into French

a. My girlfriend is loving and understanding:

b. My boyfriend is very caring:

c. My husband is kind and open-minded:

d. My ideal partner is someone cheerful, funny, intelligent and rich:

e. My partner never gets angry:

f. My wife respects my choices and opinions:

g. My husband treats me well:

h. My (male) spouse supports me whatever I do:

i. My boyfriend cheers me up when I am sad:

j. My (female) spouse always tries to please me:

25. Write a paragraph for each of the people below in the FIRST person singular (je)

Valérie	Patrice	Marine
Her ideal partner is someone affectionate, honest, reliable, open-minded and with a good sense of humour. He is a good listener, never gets angry, always tries to understand her point of view and always stays loyal. He often cuddles her. His best quality is honesty. Loyalty is also important.	His ideal partner is someone loyal, honest, reliable, kind and patient. She is a good listener, respects his choices and always supports him whatever he does. She treats him well and often gets him gifts. Her best qualities are loyalty and honesty.	Her ideal partner is someone friendly, kind, funny, and cheerful. He is a good listener, has the same tastes and interests as her. He is mature and always tries to understand her point of view. He doesn't judge. He is open-minded and supports her whatever she does. His best quality is intelligence.

Key questions

Quelles sont les qualités les plus importantes d'un bon partenaire, à ton avis?	*What the most important qualities of a good partner, in your opinion?*
Comment est ta relation avec ton petit copain/ta petite copine?	*What is your relationship with your boyfriend/girlfriend like?*
Vous vous disputez souvent?	*Do you argue often?*
Pourquoi vous vous disputez?	*Why do you argue?*
Quelle est la cause la plus fréquente de vos disputes?	*What is the most frequent cause of your arguments?*
Comment pourrais-tu éviter ces disputes?	*How could you avoid such arguments?*
Tu es un bon ou un mauvais partenaire, à ton avis? Pourquoi?	*Are you a good or bad partner, in your opinion? Why?*
Que pourrais-tu faire pour améliorer ta relation avec ton petit copain/ta petite copine?	*What could you do to improve your relationship with your boyfriend/girlfriend?*

ANSWERS – Unit 10

1. Match: rigolo – funny   affectueux – affectionate   joyeux – cheerful   généreux – generous   passionné – passionate
fort – strong   attentionné – caring   ouvert d'esprit – open-minded   sensible – sensitive   fidèle – faithful, loyal
honnête – honest   fiable – reliable   mature – mature

2. Missing letters: a) rigolo   b) fort   c) mature   d) attentionné   e) ouvert d'esprit   f) fidèle   g) généreux   h) fiable
i) honnête   j) affectueux

3. Complete: a) joyeux   b) ouvert   c) mature   d) fidèle   e) honnête   f) rigolo   g) attentionné   h) fort   i) passionné

4. Complete the table: généreuse ; rigolote ; forte ; sensible ; passionnée ; intelligente ; joyeuse ; attentionnée ; fiable

5. Translate: a) I am someone reliable   b) my partner is someone open-minded   c) my wife is loyal
d) my husband is very caring   e) my boyfriend is very jealous   f) my fiancée is very sensitive   g) my girlfriend is very kind
h) my spouse is someone happy   i) my spouse is very funny   j) my fiancé is young but very mature for his age

6. Match the opposites: rigolo – sérieux   fidèle – infidèle   affectueux – froid   sensible – insensible   joyeux – triste
fort – faible   ouvert d'esprit – fermé   intelligent – bête   généreux – égoïste   honnête – malhonnête

7. Complete based on the vocabulary above: a) moi b) goûts c) raison d) jamais e) traite f) fasse g) fâche h) fait

8. Spot and supply the missing word: a) me traite   b) fait des   c) mes choix   d) sait m'   e) que moi   f) des câlins
g) à tout   h) remonte le

9. Select from the 'target vocabulary' box above the top 5 traits of your ideal partner and list them here:

10. Six of the eight sentences below have been translated incorrectly: a) my partner leaves me enough freedom   b) -   c) -
d) my partner trusts me   e) my girlfriend supports me whatever I do   f) my wife is a good listener
g) my ideal partner always stays loyal to me   h) my spouse gets me gifts often

11. Answer: a) Jean-François   b) patient, understanding, good listener   c) Olivier   d) tries to please her   e) Corrine
f) No one   g) he supports her whatever she does   h) one (Nadège)

12. Gapped translation: a) câlins   b) me reste   c) soutient   d) sait m'   e) goûts   f) plaisir   g) rarement   h) confiance

13. Sentence puzzle: a) mon partenaire idéal se fâche rarement   b) ma femme idéale me soutient quoique je fasse
c) mon mari sait m'écouter   d) mon partenaire ne veut pas avoir raison à tout prix
e) mon homme idéal me remonte le moral quand je suis triste   f) mon petit copain me fait confiance
g) mon partenaire idéal essaie toujours de me faire plaisir   h) ma petite copine me fait toujours des câlins

14. Match: il me reste toujours fidèle – he always stays faithful to me
il me fait toujours des câlins – he always gives me hugs
il ne se fâche jamais – he never gets angry
il a les mêmes intérêts que moi – he has the same interests as me
il ne veut pas toujours avoir raison à tout prix – he doesn't always want to be right at all costs
il essaie toujours de me faire plaisir – he always tries to please me
il me soutient quoique je fasse – he supports me whatever I do
il ne me ment jamais – he never lies to me
il me fait confiance – he trusts me
il me traite bien – he treats me well
il me fait souvent des cadeaux – he often makes me gifts
il a les mêmes goûts que moi – he has the same tastes as me
il sait m'écouter – he is a good listener

15. Find someone who: a) Mélanie b) Florence c) Mélanie d) Florence e) Florence f) Sandrine g) Mélanie h) Sandrine

 THE LANGUAGE GYM

16. Find in Mélanie 's text the French equivalent of the following: a) attirant   b) un bon sens de l'humour
c) quoique je fasse   d) essaie toujours   e) mon point de vue   f) à mon avis   g) la qualité la plus importante

17. Complete the translation: handsome ; reliable ; open-minded ; help me ; choices ; always fathful ; loyalty ; good

18. Translate: a) someone affectionate   b) he trusts me   c) he respects my opinions   d) someone open-minded
e) he doesn't always want to be right   f) at all cost   g) for me   h) open-mindedness

19. Complete: a) cadeaux   b) choix   c) (any positive adjetives)   d) liberté   e) (any negative or positive adjectives)   f) ment
g) fâche   h) fasse   i) raison   j) (any positive adjective)

20. Slalom translation: 1) mon partenaire me fait confiance   2) mon mari ne me ment jamais
3) mon petit copain me laisse assez de liberté   4) ma petite copine se fâche rarement   5) ma femme respecte mes choix
6) mon partenaire me remonte le moral quand je suis triste   7) mon époux est toujours prêt à m'aider
8) il a les mêmes goûts que moi

21. Translate: a) mon épouse   b) mon mari   c) ma femme   d) ma petite copine   e) mon petit copain   f) mon époux
g) mon partenaire   h) ma partenaire

22. Match: la jalousie – jealousy   le caractère autoritaire – bossy personality   la générosité – generosity   la fidélité – loyalty
l'égoïsme – selfishness   la prévenance – thoughtfulness   l'ouverture d'esprit – open-mindedness   l'amour – love
l'avarice – stinginess   les mensonges – lies

23. Translate: a) my husband trusts me   b) my partner doesn't judge me   c) my boyfriend treats me well
d) my wife leaves me enough freedom   e) my girlfriend doesn't lie to me   f) my ideal partner is caring
g) my spouse never gets angry   h) my boyfriend supports me   i) my ideal partner is open-minded and patient
j) he respects my choices and opinions   k) he is honest and understanding   l) she has the same tastes and interests as me
m) my boyfriend cheers me up   n) my girlfriend is always ready to help me

24. Translate: a) ma petite copine est adorable et compréhensive   b) mon petit copain est très attentionné
c) mon mari est gentil et ouvert d'esprit   d) mon partenaire idéal est quelqu'un de joyeux, rigolo, intelligent et riche
e) mon partenaire ne se fâche jamais   f) ma femme respecte mes choix et opinions   g) mon mari me traite bien
h) mon époux me soutient quoique je fasse   i) mon petit copain me remonte le moral quand je suis triste
j) mon épouse essaie toujours de me faire plaisir

25. Write a paragraph for each of the people below in the FIRST person singular (Je)

Valérie: Mon partenaire idéal est quelqu'un d'affectueux, honnête, fiable, ouvert d'esprit et avec un bon sens de l'humour. Il sait m'écouter, ne se fâche jamais, essaie toujours de comprendre mon point de vue et me reste toujours fidèle. Il me fait souvent des câlins. Sa meilleure qualité c'est l'honnêteté. La fidélité est aussi importante.

Patrice: Ma partenaire idéale est quelqu'un de fidèle, honnête, fiable, gentil et patient. Elle sait m'écouter, respecte mes choix et me soutient toujours quoique je fasse. Elle me traite bien et elle me fait souvent des cadeaux. Ses meilleures qualités sont la fidélité et l'honnêteté.

Marine: Mon partenaire idéal est quelqu'un d'amical, gentil, rigolo, et joyeux. Il sait m'écouter, il a les mêmes goûts et intérêts que moi. Il est mature et essaie toujours de comprendre mon point de vue. Il ne juge pas. Il est ouvert d'esprit et me soutient quoique je fasse. Sa meilleure qualité, c'est l'intelligence.

Unit 11. Saying why you don't get along with people

Je ne m'entends pas (toujours) bien avec [I do not (always) get along with] Je ne supporte pas [I can't stand]	**Feminine Singular** **mon amie Caroline** [my friend Caroline] **ma mère** [my mother] **ma sœur aînée** [my older sister] / **ma sœur cadette** [my younger sister] **Masculine Singular** **mon ami Philippe** [my friend Philippe] **mon frère aîné** [my older brother] / **mon frère cadet** [my younger brother] **mon père** [my father] **Masculine plural** **mes camarades de classe** [my classmates] **mes parents** [my parents] **mes professeurs** [my teachers]

parce qu'elle est [because she is]	parce qu'il est [because he is]	parce qu'elles sont [because they -fem- are]	parce qu'ils sont [because they -masc- are]
arrogante [arrogant]	**arrogant**	**arrogantes**	**arrogants**
autoritaire [bossy]	**autoritaire**	**autoritaires**	**autoritaires**
colérique [temperamental]	**colérique**	**colériques**	**colériques**
égoïste [selfish]	**égoïste**	**égoïstes**	**égoïstes**
impolie [impolite]	**impoli**	**impolies**	**impolis**
lunatique [moody]	**lunatique**	**lunatiques**	**lunatiques**
méchante [mean]	**méchant**	**méchantes**	**méchants**
menteuse [liar]	**menteur**	**menteuses**	**menteurs**
trop pinailleuse [too fussy]	**trop pinailleur**	**trop pinailleuses**	**trop pinailleurs**
très têtue [very stubborn]	**très têtu**	**très têtues**	**très têtus**
violente [violent]	**violent**	**violentes**	**violents**

et parce qu'il/elle [and because he/she]	ils / elles [and they]
me critique toujours [always criticises me]	**me critiquent toujours**
me gronde souvent [shouts at me]	**me grondent souvent**
me maltraite [mistreats me]	**me traitent mal**
ment tout le temps [lies all the time]	**mentent tout le temps**
ne m'aide jamais [never helps me]	**ne m'aident jamais**
ne m'écoute pas [doesn't listen to me]	**ne m'écoutent pas**
ne me comprend pas [doesn't understand me]	**ne me comprennent pas**
ne me soutient pas [doesn't support me]	**ne me soutiennent pas**
se moque de moi tout le temps [mocks me all the time]	**se moquent de moi tout le temps**
se fâche pour un rien [gets angry for the slightest thing]	**se fâchent pour un rien**

En plus [Moreover]	**je ne peux pas lui faire confiance** [I cannot trust him/her] **je ne peux pas leur faire confiance** [I cannot trust them] **on n'a pas les mêmes goûts** [we don't have the same tastes] **on n'a pas les mêmes intérêts** [we don't have the same interests] **on se dispute souvent** [we argue often]

THE LANGUAGE GYM

1. Match

colérique	moody
égoïste	temperamental
autoritaire	stubborn
lunatique	selfish
violent	rude
impoli	bossy
méchant	stupid
pinailleur	mean
têtu	arrogant
menteur	violent
arrogant	fussy
bête	liar

2. Missing letters challenge

a. Je suis pinai_ _ _ _ _

b. Ma mère est tê_ _ _

c. Mon frère est méch_ _ _

d. Mes parents sont coléri_ _ _ _

e. Mon voisin est _ _ poli

f. Mes frères sont ment_ _ _ _

g. Mon père est lun_ _ _ que

3. Translate into English

a. Mon frère cadet est têtu:

b. Ma sœur est colérique:

c. Mon père se fâche pour un rien:

d. Ma mère est trop pinailleuse:

e. Mon frère aîné est méchant:

f. Mon voisin est arrogant et bête:

g. Mon petit copain est égoïste:

h. Mes parents sont autoritaires:

i. Ma mère ne m'écoute pas:

j. Ma sœur aînée ne m'aide jamais:

4. Rewrite in the correct order

a. a On pas n' les intérêts mêmes

b. menteur frère Mon est aîné

c. Mon pour se un fâche rien père

d. mère me Ma maltraite

e. Mes souvent se moi, on dispute parents et

f. parents comprennent ne me Mes pas

5. Break the flow

a. Monfrèrementtoutletemps

b. Mesparentssefâchentpourunrien

c. Monfrèreaînéestméchant

d. Monpetitcopainestégoïste

e. Mamèrememaltraite

f. Mescamaradesdeclassesemoquentdemoi

g. Onn'apaslesmêmesgoûts

6. Complete with the missing words

a. Nous n'avons pas les _____ goûts.
[We don't have the same tastes]

b. Mon frère se _____ de moi tout le temps.
[My brother mocks me all the time]

c. Mon petit copain ment tout le _____.
[My boyfriend lies all the time]

d. Ma sœur ainée ne m'_____ jamais avec mes devoirs.
[My older sister never helps me with my homework]

e. Mon père me _____ toujours pour mes vêtements et ma coiffure.
[My father always criticises me for my clothes and hair style]

f. Mes parents me _____ souvent à cause de mes résultats scolaires.
[My parents tell me off often because of my school results]

g. Ma sœur aînée me _____ et me bat.
[My older sister mistreats me and beats me up]

7. Anagrams

a. Mon frère est **lcoériueq**

b. Mon père est **tauroitreai**

c. Mon petit copain est **chntméa**

d. Ma sœur est **ésgtoeï**

e. Mon prof de maths est **nipeuaillr**

f. Mon ami Jean est **uttê**

8. Split words

a. Colé-	-que [criticise]
b. Bê-	-tique [lunatic]
c. Méch-	-ste [selfish]
d. Pina-	-rique [temperamental]
e. Criti-	-oli [rude]
f. Luna-	-tu [stubborn]
g. Pén-	-te [stupid]
h. Auto-	-ible [annoying]
i. Égoï-	-illeur [fussy]
j. Imp-	-ant [mean]
k. Tê-	-teur [liar]
l. Men-	-ritaire [bossy]

9. Match

Il me maltraite	He is annoying
Il ne m'écoute pas	He is mean
On se dispute souvent	He mistreats me
On n'a pas les mêmes goûts	He doesn't support me
Il est pénible	He doesn't listen to me
Il ne me soutient pas	He lies all the time
Il est méchant	He gets angry for the slightest thing
Il ne m'aide jamais	We often argue
Il ment tout le temps	He never helps me
Il se fâche pour un rien	We don't have the same tastes

10. Multiple choice quiz

	a	b	c
Il ne m'aide jamais	he never helps me	he never talks to me	he never praises me
Il se fâche pour un rien	he never listens to me	he never helps me	he gets angry for the slightest thing
Elle ne m'écoute pas	she doesn't help me	she doesn't listen to me	she doesn't treat me well
Elle est menteuse	she is moody	she is a liar	she is bossy
On se dispute	we argue	we disagree	we hate each other
Je ne m'entends pas bien avec lui	I don't get along with him	I don't share things with him	I can't stand him
Il me maltraite	he mistreats me	he criticises me	he ignores me
Elle me gronde	she is mean to me	she tells me off	she punishes me
Il ment	he shouts	he lies	he beats me up
Il se moque de moi	he criticises me	he grounds me	he mocks me
Elle est colérique	she is nasty	she is stubborn	she is temperamental
Il me bat	he beats me up	he shouts at me	he belittles me
Je ne la supporte pas	I can't stand her	I don't talk to her	I don't get along with her

11. Spot the missing word in the French sentence and add it in

a. Ma mère maltraite: *[My mother mistreats me]*

b. Mes parents autoritaires: *[My parents are bossy]*

c. Mon frère tout le temps: *[My brother lies all the time]*

d. Mes camarades de classe moquent de moi: *[My classmates mock me]*

e. Mon frère aîné m'aide jamais: *[My older brother never helps me]*

f. Ma sœur méchante: *[My sister is mean]*

g. Mon père ment tout temps: *[My father lies all the time]*

h. Mon prof de sciences gronde tout le temps: *[My science teacher tells me off all the time]*

12. Split sentences

Elle ne m'…	…supporte pas *[I can't stand her]*
Elle ment tout…	…aide jamais *[she never helps me]*
Elle se…	…le temps *[she lies all the time]*
Elle ne me…	…bat *[she hits me]*
Je ne la…	…de moi *[she mocks me]*
Elle est…	…fâche pour un rien *[she gets mad for the slightest thing]*
Elle me…	…méchante *[she is mean]*
Elle se moque…	…soutient pas *[she doesn't suppport me]*

13. Translate into English

a. Je ne supporte pas mon prof d'anglais.

b. Je m'entends bien avec ma prof d'EPS.

c. Ma mère me gronde tout le temps.

d. Mon frère est très têtu et arrogant.

e. Mes parents sont trop autoritaires.

f. Mon petit copain ment tout le temps.

g. Ma petite copine et moi, on se dispute souvent.

h. Ma sœur aînée ne m'aide jamais.

i. Ma sœur cadette est pénible, elle parle trop.

j. Mon père se fâche pour un rien et des fois me bat.

k. Mon petit copain est très égoïste.

14. Spot and correct the spelling or grammar mistake. HINT: there is only one per sentence

a. Ma mère est égoïst

b. Mon père moi gronde souvent

c. Mes parents est méchants

d. Mon petit copain mente tout le temps

e. Je supporte pas mes parents

f. Mes camarades de classe se moque de moi

g. Mon père fâche pour un rien

h. Je ne m'entend pas bien avec mes parents

i. Ma sœur aînée ne m'aident jamais

j. Elle est têtu

k. Mes parents ne me soutiennent

l. Ma petite copine est menteur

Suzanne: « Je ne m'entends pas avec mes parents. Ils sont trop autoritaires et têtus. Ils critiquent tout ce que je fais. Ils se moquent toujours de mes vêtements et de ma coiffure. »

Jean-Marc: « Ma sœur est très colérique. Elle se fâche pour un rien. Des fois, elle devient violente et me bat. »

Fabienne: « Je ne supporte pas mon frère cadet. Il est bruyant, bavard et méchant. Ils se moque de moi tout le temps et des fois, il me bat. »

Sandrine: « Je me dispute souvent avec mon prof de maths, car il est très arrogant et autoritaire et veut toujours avoir raison. En plus, il ne m'aide jamais quand je ne comprends pas quelque chose. »

Pierre: « Mon frère aîné et moi, on se dispute souvent car il prend toujours mon ordinateur et vole mon argent. »

Laetitia: « Ma petite sœur est très capricieuse et égoïste. Elle veut toujours avoir raison et prend mes choses sans me demander la permission. En plus, elle ment tout le temps! »

Céline: « Je ne supporte pas mon frère. Il est sale et désordonné. Il m'insulte tout le temps et cache souvent mon portable. En plus, il critique toujours mon petit copain. »

16. Find the French equivalent for the words/phrases below

a. bossy and stubborn:

b. everything I do:

c. my clothes:

d. she gets angry for the slightest thing:

e. always wants to be right:

f. we argue often:

g. steals my money:

h. whimsical and selfish:

i. without asking:

j. she lies all the time

15. Answer the questions below about the texts on the left

a. How does Suzanne describe her parents? (2 details)

b. What does Pierre's brother do? (2 details)

c. What is the problem with Jean-Marc's sister? (2 details)

d. What two adjectives does Laetitia use to describe her sister?

e. Who has a sibling who criticises her boyfriend?

f. Who has a whimsical sister?

g. Why does Sandrine dislike her maths teacher? (4 details)

h. Why does Pierre argue with his brother?

i. Who can't stand their younger brother?

j. Who has a sibling who insults them all the time?

k. Who is noisy, talkative and mean?

l. Who is dirty and messy?

m. Who wants to be right all the time? (2 people)

Je suis assez tranquille, gentille, ouverte d'esprit et patiente, donc je me dispute rarement avec les gens. Pourtant, je me dispute souvent avec mon frère cadet et avec ma mère. Mon frère cadet, il est vraiment pénible. Il est bruyant, bavard et désordonné. Il est aussi têtu et capricieux. Ce qui m'énerve le plus, c'est qu'il prend toujours mes choses sans me demander la permission. Par exemple, la semaine dernière il a pris mon portable et il l'a cassé! En plus, il ment tout le temps. Je ne le supporte pas!

Quant à ma mère, on se dispute car elle me critique tout le temps! Elle critique mes vêtements, ma coiffure, la musique que j'écoute. Aussi, elle n'est jamais contente de mes résultats scolaires et critique toujours mon petit copain. Ce qui est pire, elle ne m'écoute jamais et ne m'aide jamais quand j'ai un problème.

Heureusement, je ne me dispute jamais ni avec mon père ni avec mon frère aîné. Ils sont très aimables, patients et très généreux. **(Michelle, 18 ans)**

17. Find in the text the French for the following

a. calm: t_____

b. people: g_____

c. however: p_____

d. annoying: p_____

e. whimsical: c_____

f. things: c_____

g. as for: q_____ à

h. clothes: v_____

i. results: r_____

j. worst: p_____

k. never: j_____

l. fortunately: h_____

18. Answer the questions below on Michelle's text

a. How does Michelle describe herself? (3 details)

b. Who does Michelle argue with?

c. What six adjectives does she use to describe her younger brother?

d. What annoys her the most?

e. What did her brother do last week?

f. What does her brother do all the time?

g. Name three things her mother criticises about her.

h. What three adjectives does she use to describe her father and her older brother?

19 Find the French for the phrases below in Michelle's text above

a. I rarely argue with people

b. my younger brother

c. He is truly annoying

d. He is stubborn

e. What annoys me the most

f. Without asking for my permission

g. He took my mobile phone

h. He broke it

i. He lies all the time

j. I can't stand him

k. As for my mother

l. She criticises my clothes

m. My school results

n. What is worse

o. Never helps me

p. I never argue

q. They are likeable

r. Very generous

Je me dispute souvent avec les gens. Avec tout le monde! Avec mes parents, mes sœurs, mes copains, mes camarades de classe, mes profs. Je me dispute avec mes parents, car ils veulent contrôler tout ce que je fais. Ils veulent tout savoir. Ils sont très autoritaires et pinailleurs. Je ne les supporte pas!

Je me dispute aussi avec mes sœurs car, elles sont arrogantes, bêtes, cancanières et toujours prêtes à me juger. Elles critiquent ma façon de parler, de me coiffer, de m'habiller, etc. Je ne les supporte pas!

Je n'ai pas beaucoup de copains, mais je me dispute avec eux aussi. Ils parlent trop, ils écoutent de la musique démodée, ils ne sont pas du tout branchés et ils se coiffent comme mon grand-père. Le pire, c'est mon pote Olivier: un vrai minable! On se dispute car ils sont bêtes et têtus.

Mes camarades de classe se disputent avec moi aussi. Ils disent que je suis trop agressif et têtu et que je veux toujours avoir raison. Mais, à mon avis ils sont jaloux de moi, car je suis plus fort, plus beau et bien plus musclé qu'eux. Ils sont bêtes. Ils ne comprennent rien.

Mes profs ne m'aiment pas non plus. Ils me grondent toujours parce que je ne fais jamais mes devoirs et parce que j'arrive toujours en retard à mes cours. Ils disent que je suis arrogant, fainéant et bruyant en classe. Le pire, c'est mon prof d'histoire, Monsieur Dupont. On se dispute tous les jours parce qu'il est ennuyeux et je n'apprends rien du tout dans ses cours. Il dit que je suis très impoli et méchant. **(André, 16 ans)**

21. Answer the questions below

a. Who does André argue with? (5 details)

b. Three reasons why he argues with his parents?

c. What do his sisters criticise about him? (3 details)

d. How does he describe them? (4 details)

e. What does he not like about his friends? (3 details)

f. What do his classmates say about him? (3 details)

g. Why are they jealous of him, in his opinion? (3 details)

h. Why does his history teacher not like him? (2 details)

i. What are the two reasons why he dislikes his history teacher?

20. Complete

a. Often: s_____

b. People: g_____

c. Everyone: t____ ___ _____

d. To control: c_____

e. Everything: t_____

f. Stupid: b_____

g. Gossipy: c_____

h. To speak: p_____

i. Them: e_____

j. Trendy: b_____

k. The worst: l_ p_____

l. Stubborn: t_____

m. My lessons: m___ c_____

n. Every day: t_____ l___ j_____

o. Mean: m_____

22. Find the French equivalent

a. With everyone

b. They want to control everything I do

c. I cannot stand them

d. Always ready to judge me

e. My way of talking

f. I argue with them also

g. They style their hair like my grandad

h. A real loser

i. They say that

j. In my opinion they are jealous

k. They are stupid

l. They always tell me off

m. To my lessons

n. The worst one is

THE LANGUAGE GYM

23. Complete with the options provided below

a. Elle ne m'_____ jamais: *She never helps me*

b. Il ne me _____ pas: *He doesn't understand me*

c. Elle est _____: *She is mean*

d. Il se _____ pour un rien: *He gets angry for the slightest thing*

e. Il se _____ de moi: *He mocks me*

f. Elle _____ mes choses sans me demander la permission:
She takes my things without asking me for permission

g. Je me dispute avec _____: *I argue with them*

h. Il me _____ toujours: *He always tells me off*

i. Elle _____ mon argent: *She steals my money*

j. Il me _____: *He beats me up*

k. Elle critique ma _____: *She criticises my hair-style*

l. Ils critiquent mes _____: *They criticise my clothes*

bat	vêtements	méchante	comprend	moque	prend
gronde	aide	vole	fâche	coiffure	eux

---

24. Translate into English

a. Je me dispute souvent avec mes parents.

b. Ma mère critique mes vêtements et ma coiffure.

c. Elle me dit que je suis fainéante et impolie.

d. Je ne m'entends pas bien avec mon père.

e. Il est autoritaire et veut toujours avoir raison.

f. Quant à mon père, il est pénible.

g. Il vole mon argent.

h. En plus, il prend mes choses sans me demander la permission.

i. Ma sœur, elle est méchante et égoïste.

j. Elle se moque de moi.

k. Elle ne m'aide jamais avec mes devoirs.

l. Mes camarades de classe me traitent de minable.

m. Je ne supporte pas mes profs.

---

25. Translate into French

a. My mother is bossy.

b. She never helps me.

c. My father wants to control everything I do.

d. He doesn't listen to me.

e. I can't stand my parents.

f. My older brother mocks me.

g. He criticises my clothes and hair style.

h. He beats me up.

i. My younger brother steals my money.

j. He takes my things without asking for my permission.

k. I don't get along with my teachers.

l. The worst one is my science teacher.

m. He says that I am rude and lazy.

Key questions

Décris ton caractère	*Describe your personality*
Tu as beaucoup d'amis/amies? Pourquoi? Pourquoi pas?	*Do you have a lot of friends? Why? Why not?*
Qui est ton meilleur ami/ta meilleure amie?	*Who is your best friend?*
Pourquoi tu t'entends bien avec lui/elle?	*Why do you get along with him/her?*
Tu t'entends bien avec les gens en général? Pourquoi? Pourquoi pas?	*Do you get along with people in general? Why? Why not?*
Tu t'entends bien avec les membres de ta famille? Pourquoi? Pourquoi pas?	*Do you get along with your family members? Why? Why not?*
Parmi ta famille, avec qui tu t'entends le mieux? Pourquoi?	*Among your family, who do you get along with best? Why?*
Parmi eux, avec qui tu ne t'entends pas bien? Pourquoi?	*Among them, who do you not get along with? Why?*
Tu t'entends bien avec tes camarades de classe? Pourquoi? Pourquoi pas?	*Do you get along with your classmates? Why? Why not?*
Avec qui d'entre eux tu t'entends bien?	*Which of them do you get along with? Why?*
Avec qui d'entre eux tu ne t'entends pas bien? Pourquoi?	*Which of them do you not get along with? Why?*
Tu t'entends bien avec tes professeurs? Pourquoi? Pourquoi pas?	*Do you get along with your teachers? Why? Why not?*
Avec qui d'entre eux tu t'entends bien? Pourquoi?	*Which of them do you get along with? Why?*
Avec qui d'entre eux tu ne t'entends pas bien? Pourquoi?	*Which of them do you not get along with? Why?*

ANSWERS – Unit 11

1. Match: colérique – temperamental   égoïste – selfish   autoritaire – bossy   lunatique – moody   violent – violent
impoli – rude   méchant – mean   pinailleur – fussy   têtu – stubborn   menteur – liar   arrogant – arrogant   bête - stupid

2. Missing letters challenge: a) pinailleur   b) têtue   c) méchant   d) colériques   e) impoli   f) menteurs   g) lunatique

3. Translate: a) my younger brother is stubborn b) my sister is temperamental c) my father gets angry for the slightest thing
d) my mother is too fussy e) my older brother is mean f) my neighbour is arrogant and stupid g) my boyfriend is selfish
h) my parents are bossy i) my mother doesn't listen to me j) my older sister never helps me

4. Rewrite: a) on n'a pas les mêmes intérêts   b) mon frère aîné est menteur   c) mon père se fâche pour un rien
d) ma mère me maltraite   e) mes parents et moi, on se dispute souvent   f) mes parents ne me comprennent pas

5. Break the flow: a) mon frère ment tout le temps   b) mes parents se fâchent pour un rien   c) mon frère aîné est méchant
d) mon petit copain est égoïste e) ma mère me maltraite f) mes camardes de classe se moquent de moi
g) on n'a pas les mêmes goûts

6. Complete with the missing words: a) mêmes   b) moque   c) temps   d) aide   e) critique   f) grondent   g) maltraite

7. Anagrams: a) colérique   b) autoritaire   c) méchant   d) égoïste   e) pinailleur   f) têtu

8. Split words: a) colé/rique   b) bê/te   c) méch/ant   d) pina/illeur   e) criti/que   f) luna/tique   g) pén/ible   h) auto/ritaire
i) égoï/ste   j) imp/oli   k) tê/tu   l) men/teur

9. Match: il me maltraite – he mistreats me   il ne m'écoute pas – he doesn't listen to me
on se dispute souvent – we often argue on n'a pas les mêmes goûts – we don't have the same tastes
il est pénible – he is annoying   il ne me soutient pas – he doesn't support me   il est méchant – he is mean
il ne m'aide jamais – he never helps me   il ment tout le temps – he lies all the time
il se fâche pour un rien – he gets angry for slightest things

10. Multiple choice quiz: a; c; b; b; a; a; a; b; b; c; c; a; a

11. Spot the missing word and add it in: a) **me** maltraite   b) **sont** autoritaires   c) **ment** tout   d) **se** moquent   e) **ne** m'aide
f) **est** méchante   g) **le** temps   h) **me** gronde

12. Split sentences: elle ne m'aide jamais   elle ment tout le temps   elle se fâche pour un rien   elle ne me soutient pas
je ne la supporte pas   elle est méchante   elle me bat   elle se moque de moi

13. Translate: a) I can't stand my English teacher   b) I get on well with my PE teacher
c) my mother tells me off all the time   d) my brother is very stubborn and arrogant   e) my parents are too bossy
f) my boyfriend lies all the time   g) my girlfriend and I, we often argue h) my older sister never helps me
i) my younger sister is annoying, she speaks too much j) my father gets angry for the slightest thing and sometimes beats me
k) my boyfriend is very selfish

14. Spot and correct the spelling or grammar mistake: a) égoïste   b) ~~moi~~ me   c) ~~est~~ sont   d) ment   e) je **ne**   f) moquent
g) **se** fâche   h) m'entends   i) aide   j) têtue   k) soutiennent **pas/jamais/plus**   l) menteuse

15. Answer: a) bossy and stubborn   b) he takes his computer and steals his money
c) she is temperamental and gets angry for the slightest thing or she can be violent and beats him   d) whimsical and selfish
e) Céline   f) Laetitia   g) arrogant, bossy, always wants to be right and never helps her
h) he takes his computer and money i) Fabienne j) Céline k) Fabienne's brother l) Céline's brother
m) Sandrine's maths teacher and Laetitia's sister

16. Find the French: a) autoritaire et têtu   b) tout ce que je fais   c) mes vêtements   d) elle se fâche pour un rien
e) veut toujours avoir raison   f) on se dispute souvent   g) vole mon argent   h) capricieuse et égoïste   i) sans demander
j) elle ment tout le temps

 **THE LANGUAGE GYM**

17. Find the French: a) tranquille   b) gens   c) pourtant   d) pénible   e) capricieuse   f) choses   g) quant   h) vêtements
i) résultats   j) pire   k) jamais   l) heureusement

18. Answer the questions: a) kind, open-minded, patient   b) her younger brother
c) noisy, talkative, messy, really annoying, stubborn, whimsical   d) he always takes her things without asking
e) he took her mobile phone and broke it   f) lies   g) clothes, hairstyle, and the music she listens to
h) likeable, patient, very generous

19. Find the French: a) je me dispute rarement avec les gens   b) mon frère cadet   c) il est vraiment pénible   d) il est têtu
e) ce qui m'énerve le plus   f) sans me demander la permission   g) il a pris mon portable   h) il l'a cassé   i) il ment tout le temps
j) je ne le supporte pas   k) quant à ma mère   l) elle critique mes vêtements   m) mes résultats scolaires   n) ce qui est pire
o) ne m'aide jamais   p) je ne me dispute jamais   q) ils sont aimables   r) très généreux

20. Complete: a) souvent   b) gens   c) tout le monde   d) contrôler   e) tout   f) bêtes   g) cancanières   h) parler   i) eux
j) branchés   k) le pire   l) têtu   m) mes cours   n) tous les jours   o) méchant

21. Answer: a) people, parents, sisters, friends, classmates, teachers
b) they want to control everything he does, they want to know everything, they are bossy and fussy
c) the way he speaks, his hairstyle, the way he dresses   d) arrogant, stupid, gossipy, judgmental
e) they speak too much, they listen to stupid music and they're not cool and they style their hair like his grandad
f) aggressive, stubborn, always want to be right   g) he is stronger, better looking and more muscly than them
h) impolite and mean   i) he is boring and he doesn't learn anything in his lessons

22. Find the French: a) avec tout le monde   b) ils veulent contrôler tout ce que je fais   c) je ne les supporte pas
d) toujours prêtes à me juger   e) ma façon de parler   f) je me dispute avec eux aussi   g) ils se coiffent comme mon grand-père
h) un vrai minable   i) ils disent que   j) à mon avis ils sont jaloux   k) ils sont bêtes   l) ils me grondent toujours
m) à mes cours   n) le pire c'est

23. Complete: a) aide   b) comprend   c) méchante   d) fâche   e) moque   f) prend   g) eux   h) gronde   i) vole   j) bat
k) coiffure   l) vêtements

24. Translate: a) I often argue with my parents   b) my mother criticises my clothes and my hairstyle
c) she tells me that I am lazy and impolite   d) I don't get on well with my father   e) he is bossy and always wants to be right
f) as for my father, he is annoying   g) he steals my money   h) moreover, he takes my things without asking for permission
i) my sister, she is mean and selfish   j) she mocks me   k) she never helps me with my homework
l) my classmates call me loser   m) I can't stand my teachers

25. Translate: a) ma mère est autoritaire   b) elle ne m'aide jamais   c) mon père veut contrôler tout ce que je fais
d) il ne m'écoute pas   e) je ne supporte pas mes parents   f) mon frère aîné se moque de moi
g) il critique mes vêtements et ma coiffure   h) il me bat   i) mon frère cadet vole mon argent
j) il prend mes choses sans me demander la permission   k) je ne m'entends pas avec mes professeurs
l) le pire c'est mon prof de sciences   m) il dit que je suis impoli et fainéant

Unit 12. Why I get along with people

Je m'entends bien avec *[I get along with]*	**Feminine Singular** **mon amie Caroline** *[my friend Caroline]* **ma mère** *[my mother]* **ma sœur aînée** *[my older sister]* / **ma sœur cadette** *[my younger sister]* **Masculine Singular** **mon ami Philippe** *[my friend Philippe]* **mon frère aîné** *[my older brother]* / **mon frère cadet** *[my younger brother]* **mon père** *[my father]* **Masculine plural** **mes camarades de classe** *[my classmates]* **mes parents** *[my parents]* **mes professeurs** *[my teachers]*

parce qu'elle est *[because she is]*	parce qu'il est *[because he is]*	parce qu'elles sont *[because they -f- are]*	parce qu'ils sont *[because they -m- are]*
compréhensive *[understanding]*	**compréhensif**	**compréhensives**	**compréhensifs**
fiable *[reliable]*	**fiable**	**fiables**	**fiables**
généreuse *[generous]*	**généreux**	**généreuses**	**généreux**
gentille *[kind]*	**gentil**	**gentilles**	**gentils**
humble *[humble]*	**humble**	**humbles**	**humbles**
intelligente *[intelligent]*	**intelligent**	**intelligentes**	**intelligents**
ouverte d'esprit *[open-minded]*	**ouvert d'esprit**	**ouvertes d'esprit**	**ouverts d'esprit**
patiente *[patient]*	**patient**	**patientes**	**patients**
respectueuse *[respectful]*	**respectueux**	**respectueuses**	**respectueux**
serviable *[helpful]*	**serviable**	**serviables**	**serviables**

et il/elle	et ils / elles
m'aide souvent *[helps me often]*	**m'aident souvent**
me comprend *[understands me]*	**me comprennent**
m'écoute *[listens to me]*	**m'écoutent**
m'encourage beaucoup *[encourages me a lot]*	**m'encouragent beaucoup**
m'estime *[values me]*	**m'estiment**
ne me gronde pas *[doesn't tell me off]*	**ne me grondent pas**
ne me juge pas *[doesn't judge me]*	**ne me jugent pas**
ne me ment pas *[doesn't lie to me]*	**ne me mentent pas**
ne se moque pas de moi *[doesn't mock me]*	**ne se moquent pas de moi**
me soutient *[supports me]*	**me soutiennent**
me traite bien *[treats me well]*	**me traitent bien**

En plus *[Moreover]*	**je peux lui parler de tout** *[I can talk to him/her about anything]* **je peux leur parler de tout** *[I can talk to them about anything]* **on a les mêmes goûts** *[we have the same tastes]* **on a les mêmes intérêts** *[we have the same interests]* **on ne se dispute jamais** *[we never argue]* **on s'amuse beaucoup ensemble** *[we have a lot of fun together]*

1. Match up

Il m'aide	He doesn't lie to me
Il m'encourage	He doesn't judge me
Il ne me ment pas	He doesn't tell me off
Il me soutient	He doesn't mistreat me
Il ne me juge pas	He supports me
Il ne me gronde pas	He doesn't mock me
Il ne me maltraite pas	He helps me
Il ne se moque pas de moi	He understands me
Il me comprend	He listens to me
Il m'écoute	He encourages me

2. Complete

a. Il m'a _ _ _

b. Elle me sout _ _ _ _

c. Il ne me mal _ _ _ _ _ _ pas

d. Elle m'éc _ _ _ _

e. Il me va _ _ _ _ _ _

f. Il ne me gr _ _ _ _ pas

g. Elle me com _ _ _ _ _

h. Elle ne me ju _ _ pas

i. Il me tr _ _ _ _ bien

j. Elle ne se m _ _ _ _ pas de moi

3. Break the flow

a. Ilnemejugepas

b. Ilnemegrondejamais

c. Ilm'écoutequandj'aiunproblème

d. Ilnesemoquepasdemoi

e. Ilmetraitebien

f. Onsedisputepresquejamais

g. Ilmesoutienttoujours

h. Ilmecomprend

4. Translate into English

a. Elle ne me gronde jamais.

b. Il me traite bien.

c. Mon père me soutient toujours.

d. Mes parents et moi, on ne se dispute jamais.

e. Ma sœur et moi, on a les mêmes goûts.

f. Ma petite copine et moi, on a les mêmes intérêts.

g. Ma copine est toujours très gentille et serviable.

h. Mon petit copain ne me ment jamais.

i. On s'amuse beaucoup ensemble.

5. Complete

a. He listens to me: I__ m'é_____

b. We rarely argue: O__ s__ d_____ r_____

c. He always supports me: I__ m__ s_____ t_____

d. She treats me well: E___ m__ t_____ b_____

e. He judges me: I__ m___ j_____

f. She encourages me: E___ m'e_____

g. She never tells me off: E___ n_ m_ g_____ jamais

h. We have the same tastes: O_ a l___ m_____ g_____

i. She helps me: E____ m'a_____

6. Complete the translation

a. Elle ne me gronde jamais: *She never _____*

b. Nous avons les mêmes goûts: *We have the same _____*

c. On a les mêmes intérêts: *We have the same _____*

d. On s'amuse bien ensemble: *We have fun _____*

e. Ma petite copine ne me ment jamais: *My girlfriend never _____ to me*

f. Elle m'aide toujours quand j'en ai besoin: *She always _____ me when I need it*

g. Elle est toujours là pour moi: *She is always _____ for me*

h. On se dispute rarement: *We rarely _____*

---

7. Complete the sentences with the options below

a. Elle ne me _____ jamais *[She never tells me off]*

b. On se _____ rarement *[We argue rarely]*

c. Elle est très _____ et gentille *[She is very respectful and kind]*

d. Il me _____ toujours *[He always supports me]*

e. On a les mêmes _____ *[We have the same tastes]*

f. Elle est toujours _____ pour moi *[She is always there for me]*

g. Je peux lui faire _____ *[I can trust her]*

h. On s'amuse beaucoup _____ *[We have a lot of fun together]*

i. Elle ne se _____ jamais de moi *[She never mocks me]*

j. Elle m'_____ quand j'ai un problème *[She helps me when I have a problem]*

soutient	goûts	dispute	respectueuse	aide
ensemble	gronde	là	confiance	moque

---

8. Translate

a. M_ s_ _ _ c_ _ _ _ _ _ e_ _ p_ _ _ _ _ _ *[My younger sister is annoying]*

b. M_ m_ _ _ m'_ _ _ _ t_ _ _ _ _ _ *[My mother always helps me]*

c. O_ n_ s_ d_ _ _ _ _ _ j_ _ _ _ _ *[We never argue]*

d. I_ _ m_ j_ _ _ _ _ b_ _ _ _ _ _ *[They judge me a lot]*

e. J_ p_ _ _ l_ f_ _ _ _ c_ _ _ _ _ _ _ *[I can trust him/her]*

f. O_ a l_ _ m_ _ _ _ g_ _ _ _ *[We have the same tastes]*

g. E_ _ _ n_ m_ g_ _ _ _ _ j_ _ _ _ _ *[She never tells me off]*

h. E_ _ _ e_ _ t_ _ _ g_ _ _ _ _ _ *[She is very kind]*

 **THE LANGUAGE GYM**

9. Positive (P) or negative (N)?

Ma mère est méchante	
On se dispute tous les jours	
Mes parents me soutiennent	
Elle se fâche pour un rien	
Elle est très serviable	
On a les mêmes goûts	
Je peux lui faire confiance	
Elle me maltraite	
On s'amuse bien ensemble	
Ils me jugent beaucoup	
Il m'encourage beaucoup	

10. Spot and correct the spelling/grammar mistake

a. Me mère est très positif

b. Elle aide moi

c. Je peux elle faire confiance

d. On amuse bien ensemble

e. On ne se dispute pas jamais

f. Ils me juge beaucoup

g. On a les mêmes gout

h. Elle maltraite moi

i. Mes parents me soutient toujours

j. Mes parents me gronde rarement

11. Slalom translation – translate the sentences in the grey box below ticking the relevant words/phrases in the table

1. We have the same tastes	2. They judge me a lot	3. They try to understand me	4 We never argue
5. He doesn't lie to me	6. My parents always help me when I have a problem	7. We have a lot of fun together	8. I get along with them

On (1)	m'aident	bien	jamais
Ils	**a (1)**	beaucoup	j'ai un problème
Ils essaient	de	**les mêmes (1)**	beaucoup
Nous	me	me	avec eux
Il ne	me	ment	**goûts (1)**
Mes parents	ne nous	toujours quand	ensemble
On s'	entends	jugent	comprendre
Je m'	amuse	disputons	pas

12. Translate into French

a. He helps me

b. She listens to me

c. They support me

d. We don't argue

e. We have fun together

f. I get along with them

g. We have the same tastes

h. She is understanding and kind

i. He encourages me

j. He judges me

Useful vocabulary

Il [He] Elle [She]	essaie [tries]	de [to]	me m' [me]	aider [help] calmer [calm down] comprendre [understand]	quand j'ai [when I have]	un problème [a problem]
Ils [They -m-] Elles [They -f-]	essaient [try]			écouter [listen to] faire plaisir [to please me] remonter le moral [cheer up] soutenir [support]	quand je suis [when I am]	faché(e) [angry] triste [sad]

Des témoignages

Marine: « Je m'entends bien avec mes parents, parce qu'ils sont gentils et compréhensifs. Ils m'écoutent quand j'ai un problème et ils essaient toujours de comprendre mon point de vue. »

Sophie: « Je ne m'entends pas trop avec ma mère. Elle se fâche pour un rien et veut toujours avoir raison. Mon père, par contre, est très calme et ouvert d'esprit. Il ne me juge jamais et essaie toujours de m'aider quand j'ai un problème. »

Didier: « Je m'entends bien avec mes parents. Ils sont assez tolérants et ouverts, mais des fois ils sont trop stricts et ils ne me donnent pas assez de liberté. D'habitude, ils respectent mes choix et opinions, mais des fois, ils sont très autoritaires et ne m'écoutent pas. Par exemple, ils ne me laissent pas sortir avec ma petite copine le soir et ils ne me laissent pas m'habiller comme je veux. »

Virginie: « Je m'entends bien avec mes parents. Ils sont vraiment aimables. Ils ne me grondent presque jamais et ils me soutiennent toujours quand j'ai un problème. Quand je suis triste ou si j'ai un problème, ma mère m'écoute et essaie toujours de me remonter le moral. Elle est très intelligente et trouve toujours des solutions à tous mes problèmes. »

Paul: « Je m'entends bien avec mes parents, même si des fois ils sont un peu trop stricts. En général, ils sont très gentils et ouverts d'esprit, mais ils ne me laissent pas sortir plus d'une fois par semaine. Je les aime bien quand même, parce qu'ils m'estiment et m'encouragent beaucoup et essaient toujours de me soutenir, surtout quand je n'ai pas le moral ou que je suis triste. »

13. Find in the text the French equivalent for the following

a. They always try to understand

b. She gets angry for nothing

c. He never judges me

d. They don't give me enough freedom

e. Don't listen to me (they)

f. They don't let me go out

g. As I want

h. They nearly never tell me off

i. When I am sad

j. To cheer me up

k. I like them anyway

l. They value me

m. More than once a week

n. When I am feeling down

14. Answer the questions below

a. How does Marine describe her parents? (2 details)

b. Why does Sophie not get along with her mother? (2 details)

c. What two things do Didier's parents not let him do?

d. List four things which make Virginie like her parents.

e. List one thing Paul doesn't like about his parents and three he likes.

15. Multiple choice quiz

	a	b	c
Ils m'aident	they help me	they understand me	they value me
Ils me jugent	they mock me	they argue	they judge me
Ils m'encouragent	they listen to me	they encourage me	they understand me
Ils m'écoutent	they neglect me	they listen to me	they support me
Ils me soutiennent	they support me	they encourage me	they understand me
Ils me comprennent	they judge me	they understand me	they help me
Ils se disputent	they argue	they get angry	they neglect me
Ils se fâchent	they get angry	they try	they mock me
Ils me négligent	they neglect me	they support me	they understand me
Ils essaient	they listen to me	they try	they judge me

Je m'entends vraiment bien avec mes parents. Ils essaient toujours de me faire plaisir et ils me soutiennent toujours. Aussi, ils essaient toujours de comprendre mon point de vue et ils respectent mes choix. Même si des fois ils sont assez stricts, ils se fâchent rarement. Ils sont ouverts d'esprit et ils ne me jugent jamais. Ils ne critiquent jamais mes vêtements ou ma coiffure ou mes petits copains.

Quant à ma sœur, elle est très pénible! Je ne m'entends pas bien avec elle car elle est très capricieuse et égoïste. Elle ment tout le temps et vole mes vêtements et mon argent de poche. Je ne la supporte pas! Mon frère est beaucoup plus sympa. Même s'il est un peu trop bavard et maladroit, il est très gentil et généreux. Il est aussi très attentionné et serviable. Je l'aime vraiment bien. Quand je fais les tâches ménagères, il essaie toujours de m'aider. Quand je suis fâchée, il essaie toujours de me calmer et de me faire sourire. Quand je suis triste, il essaie de me remonter le moral en me racontant des blagues [telling me jokes]. **(Marie, 16 ans)**

16. Find the French equivalent

a. I get along really well

b. They always try to please me

c. They respect my choices

d. They rarely get angry

e. My clothes or hair style

f. Very annoying

g. Whimsical and selfish

h. She lies

i. Caring and helpful

j. He always tries to help me

17. Answer the following

a. List six good things Marie says about her parents

b. What three adjectives does she use to describe her sister?

c. What does her sister do all the time?

d. What two things does she steal from Marie?

e. What are two negatives and two positives about her brother?

f. What does he do when she is doing the chores?

g. What does he do when she is angry or sad?

Je m'entends très bien avec mes parents. Ils sont très sympas et ouverts d'esprit. Ils sont aussi très patients et il se fâchent rarement avec moi. Mon père est très rigolo et raconte toujours des blagues hilarantes. Ce que j'aime le plus chez mes parents, c'est qu'ils m'écoutent quand j'ai un problème et m'encouragent et me soutiennent beaucoup quand je n'ai pas le moral.

Je m'entends aussi assez bien avec mon petit frère, David. Il est un peu paresseux et maladroit, mais il est très mignon. Des fois, il prend mes choses sans me demander la permission, mais, à part ça, il est très gentil et attentionné. Je m'entends bien aussi avec ma sœur aînée. Elle est très généreuse et serviable. Elle m'aide souvent avec mes devoirs et quand j'ai des problèmes avec ma copine elle me donne de bons conseils. Ce qui est génial, c'est que ma sœur et moi on a les mêmes goûs et les mêmes intérêts. Je l'adore!

J'ai une copine qui s'appelle Laure et qui est un peu plus âgée que moi. On s'entend assez bien. On a les mêmes goûts musicaux. On aime les mêmes sports et on s'amuse beaucoup ensemble. Cependant, elle est assez impatiente et têtue et veut toujours avoir raison. En plus, elle est très jalouse et ne me fait pas confiance. De temps en temps on se dispute à cause de ça.

Quant à mes professeurs, je m'entends très bien avec la plupart d'entre eux. Ils nous aident beaucoup, ils sont gentils, ils ne donnent pas trop de devoirs et ils nous grondent rarement. Ce que j'aime le plus chez eux, c'est qu'ils ne nous traitent pas comme des enfants et qu'ils essaient de comprendre notre point de vue. À mon avis, c'est la chose la plus importante. Je n'aime pas les gens qui veulent toujours avoir raison. (**Martin, 17 ans**)

18. Answer the following questions on Martin's text	**19. Find the French equivalent for**
a. What adjectives does he use to describe his parents?	a. Always tells funny jokes (he)
	b. When I am feeling down
b. What does he like the most about them? (three details)	c. He is very cute
	d. Without asking me for permission
c. List three good things he says about his brother.	e. She gives me good advice
	f. Who is a bit older than me
d. List two negative things he says about his brother.	g. We get along quite well
	h. Always wants to be right
e. Why does he argue with his girlfriend from time to time?	i. We argue because of this
	j. With the majority of them
f. Why does he like his teachers? (4 details)	k. They don't give too much homework
	l. They rarely tell us off
g. What is, according to Martin, the most important thing teachers do?	m. What I like the most about them
	n. They don't treat us like children

20. Gapped translation

a. Ils sont _____: *[They are kind]*

b. Ils essaient de m'_____: *[They try to help me]*

c. Ils me _____: *[They support me]*

d. Ils ne me _____ pas sortir: *[They don't let me go out]*

e. Ma sœur est _____: *[My sister is helpful]*

f. Je m'_____ bien avec mes professeurs: *[I get along well with my teacher]*

g. On ne se _____ jamais: *[We never argue]*

h. On s'amuse bien _____: *[We have fun together]*

i. On a les _____ goûts: *[We have the same tastes]*

j. Ils se _____ rarement avec moi: *[They rarely get angry with me]*

k. Ils ne me _____ jamais: *[They never tell me off]*

l. Mes professeurs sont _____ et _____: *[My teachers are understanding and helpful]*

21. Translate into French

a. I get on well with my parents because they are kind, open-minded and caring.

b. My parents value me, help me, support me and rarely get angry. I love them!

c. Even though my mother gets angry from time to time, she is very nice and positive.

d. My sister and I, we have a lot of fun together. We have the same tastes.

e. I get on well with my brother because he is generous and helpful.

f. I don't like my older sister because she lies a lot and she always wants to be right.

g. I get along with my teachers because they don't treat us like children and respect our opinions.

22. Write a paragraph for each person in the FIRST person singular (je)

	Why they get along with father	Why they get along with mother	Why they get along with girlfriend/ boyfriend
Patrice	- Open-minded - Generous - Rarely gets angry	- Caring - Listens to him - Helps him a lot	- Kind - Supports him - Understands him
Pauline	- Kind - Doesn't treat her like a child	- Supports her - Rarely tells her of - Gives good advice	- Calm - Funny - They have the same tastes and interests
Jeanine	- Listens to her - Gives good advice - Gives her freedom	- Patient - Positive - Tries to understand her point of view	- Friendly - Talkative - Listens to her - Supports her

ANSWERS – Unit 12

1. Match: il m'aide – he helps me   il m'encourage – he encourages me   il ne me ment pas – he doesn't lie to me
il me soutient – he supports me   il ne me juge pas – he doesn't judge me   il ne me gronde pas – he doesn't tell me off
il ne me maltraite pas – he doesn't mistreat me   il ne se moque pas de moi – he doesn't mock me
il me comprend – he understands me   il m'écoute – he listens to me

2. Complete: a) aide b) soutient c) maltraite d) écoute   e) valorise   f) gronde   g) comprend   h) juge i) traite   j) moque

3. Break the flow: a) il ne me juge pas   b) il ne me gronde jamais   c) il m'écoute quand j'ai un problème
d) il ne se moque pas de moi e) il me traite bien f) on se dispute presque jamais g) il me soutient toujours h) il me comprend

4. Translate: a) she never tells me off   b) he treats me well   c) my father always supports me
d) my parents and I, we never argue   e) my sister and I, we have the same tastes
f) my girlfriend and I, we have the same interests   g) my friend is always very kind and helpful
h) my boyfriend never lies to me   i) we have a lot of fun together

5. Complete: a) il m'écoute   b) on se dispute rarement   c) il me soutient toujours   d) elle me traite bien   e) il me juge
f) elle m'encourage   g) elle ne me gronde jamais   h) on a les mêmes goûts   i) elle m'aide

6. Complete the translation: a) tells me off   b) tastes   c) interests   d) together   e) lies   f) helps   g) there   h) argue

7. Complete: a) gronde b) dispute c) respectueuse d) soutient e) goûts f) là g) confiance h) ensemble i) moque j) aide

8. Translate: a) ma sœur cadette est pénible b) ma mère m'aide toujours   c) on ne se dispute jamais
d) ils me jugent beaucoup   e) je peux lui faire confiance   f) on a les mêmes goûts   g) elle ne me gronde jamais
h) elle est très gentille

9. Positive (P) or negative (N)? n ; n ; p ; n ; p ; p ; p ; n ; p ; n ; p

10. Spot and correct the spelling/grammar mistake: a) positive   b) m'aide ~~moi~~   c) ~~elle~~ lui faire   d) s'amuse   e) pas or
jamais but not both   f) jugent   g) goûts   h) me maltraite ~~moi~~   i) soutiennent   j) grondent

11. Slalom translation: 1) on a les mêmes goûts   2) ils me jugent beaucoup   3) ils essaient de me comprendre
4) nous ne nous disputons jamais 5) il ne me ment pas 6) mes parents m'aident toujours quand j'ai un problème
7) on s'amuse beaucoup ensemble   8) je m'entends bien avec eux

12. Translate: a) il m'aide   b) elle m'écoute   c) ils me supportent   d) on ne se dispute pas   e) on s'amuse ensemble
f) je m'entends avec eux   g) on a les mêmes goûts   h) elle est compréhensive et gentille   i) il m'encourage   j) il me juge

13. Find the French: a) ils essaient toujours de comprendre   b) elle se fâche pour rien   c) il ne me juge jamais
d) ils ne me donnent pas assez de liberté   e) (ils) ne m'écoutent pas   f) ils ne me laissent pas sortir   g) comme je veux
h) ils ne me grondent presque jamais   i) quand je suis triste   j) me remonter le moral   k) je les aime bien quand même
l) ils me valorisent   m) plus d'une fois par semaine   n) quand je n'ai pas le moral

14. Answer: a) kind and understanding   b) she gets angry for nothing and she always wants to be right
c) they don't let him go out with his girlfriend at night and they don't let him dress as he wants
d) they are likeable, they barely tell her off, they always support her and they always try to cheer her up
e) strict, kind, open-minded and supportive

15. Multiple choice quiz: a ; c ; b ; b ; a ; b ; a ; a ; a ; b

16. Find the French: a) je m'entends vraiment bien   b) ils essaient toujours de me faire plaisir   c) ils respectent mes choix
d) il se fâchent rarement   e) mes vêtements ou ma coiffure   f) très pénible   g) capricieuse et égoïste h) elle ment
i) attentionné et serviable   j) il essaie toujours de m'aider

THE LANGUAGE GYM

17. Answer: a) they always try to please her, they support her, they try to understand her point of view, they respect her choices, they rarely get angry, they are open-minded, they are non-judgmental, they don't criticise her hair and clothes
b) annoying, whimsical, selfish   c) she lies   d) clothes and pocket money
e) talkative and clumsy, kind and generous or caring and helpful   f) he always tries to help her g) he tries to cheer her up

18. Answer: a) fun and open-minded b) they are good listeners, they cheer him up and support him
c) cute, kind and caring d) a bit lazy and clumsy   e) she is jealous and impatient
f) they help a lot, they are kind, they don't give a lot of homework, they rarely tell them off
g) they don't treat them like kids and they try to understand their point of view

19. Find the French: a) (il) raconte toujours des blagues hilarantes   b) quand je n'ai pas le moral   c) il est très mignon
d) sans me demander la permission   e) elle me donne de bons conseils   f) qui est un peu plus âgée que moi
g) on s'entend assez bien   h) veut toujours avoir raison   i) on se dispute à cause de ça j) avec la plupart d'entre eux
k) ils ne donnent pas trop de devoirs   l) ils nous grondent rarement   m) ce que j'aime le plus chez eux
n) ils ne nous traitent pas comme des enfants

20. Gapped translation: a) gentils b) aider c) soutiennent d) laissent e) serviable f) entends g) dispute h) ensemble
i) mêmes j) fâchent k) grondent l) compréhensifs et serviables

21. Translate into French: a) je m'entends bien avec mes parents parce qu'ils sont gentils, ouverts d'esprit et attentionnés
b) mes parents me valorisent, m'aident, me soutiennent, et se fâchent rarement. Je les aime!
c) même si ma mère se fâche de temps en temps, elle est très sympa et positive
d) ma sœur et moi, nous nous amusons beaucoup ensemble. Nous avons les mêmes goûts
e) je m'entends bien avec mon frère parce qu'il est généreux et serviable
f) je n'aime pas ma sœur aînée parce qu'elle ment beaucoup et elle veut toujours avoir raison
g) je m'entends bien avec mes professeurs parce qu'ils ne nous traitent pas comme des enfants et ils respectent nos opinions

22. Write a paragraph for each person in the FIRST person singular (je)

Patrice: Je m'entends bien avec mon père car il est ouvert d'esprit, généreux et se fâche rarement. Je m'entends bien avec ma mère car elle est attentionnée, elle m'écoute et elle m'aide beaucoup. Je m'entends bien avec ma petite copine car elle est gentille, elle me soutient et elle me comprend.

Pauline: Je m'entends bien avec mon père parce qu'il est gentil et il ne me traite pas comme une enfant. Je m'entends bien avec ma mère parce qu'elle me soutient, elle me gronde rarement et elle me donne de bons conseils. Je m'entends bien avec mon petit copain parce qu'il est calme, marrant, et on a les mêmes goûts et intérêts.

Jeanine: Je m'entends bien avec mon père car il m'écoute, il me donne de bons conseils et il me donne de la liberté. Je m'entends bien avec ma mère car elle est patiente, positive, et elle essaie de comprendre mon point de vue. Je m'entends bien avec mon petit copain car il est amical, bavard, il m'écoute et il me soutient.

Unit 13. Saying why I argue with my parents

Je me dispute *[I argue]*	avec mes parents *[with my parents]*	de temps en temps *[from time to time]* souvent *[often]*

D'habitude *[Usually]*	c'est surtout à cause de *[it's mostly because of]*	mes fréquentations *[the people I hang out with]* mes résultats scolaires *[my school results]* mon comportement *[my behaviour]* mon copain/copine *[my boyfriend/girlfriend]*

Mes parents *[My parents]*	disent que je suis beaucoup trop *[say that I am way too]* se plaignent que je suis trop *[complain that I am too]* se plaignent tout le temps car je suis trop *[complain all the time because I am too]*	bruyant(e) *[noisy]* désordonné(e) *[messy]* fainéant(e) *[lazy]* maladroit(e) *[clumsy]* malpoli(e)/impoli(e) *[impolite]* sale *[dirty]*

et que *[and that]*	je dépense trop d'argent *[I spend too much money]* je fume *[I smoke]* je ne débarrasse ni ne mets jamais la table *[I neither set up nor clear the table]* je n'étudie pas assez *[I don't study enough]* je ne fais pas mes devoirs *[I don't do my homework]* je ne les aide pas assez à la maison *[I don't help them enough at home]* je ne range jamais ma chambre *[I never tidy up my room]* je sors trop *[I go out too much]*

La dernière fois que *[The last time that]*	nous nous sommes disputés *[we argued]*	c'est *[it is]*	parce que... *[because]* parce qu'...

...je me suis battu avec mon frère/ma sœur *[I had a fight with my brother/my sister]*

...je suis rentré à la maison très tard *[I came back home very late]*

...j'ai eu une très mauvaise note *[I got a very bad grade]*

...j'ai insulté mon frère/ma sœur *[I insulted my brother/my sister]*

...j'ai passé trop de temps sur internet *[I spent too much time on internet]*

...j'ai répondu à mon père/ma mère *[I answered back to my father/my mother]*

...j'ai volé de l'argent à mes parents *[I stole some money from my parents]*

...je n'ai pas fait mes devoirs *[I didn't do my homework]*

...je n'ai pas rangé ma chambre *[I didn't tidy up my bedroom]*

...ils m'ont vu fumer *[they saw me smoke]*

USEFUL VOCABULARY

Here you will find vocabulary that you can use to talk about why you argue with your parents in addition to the one provided on the previous page.

Some more useful sentences to say why you argue with your parents

Je me dispute avec <u>eux</u> à cause de - **l'argent de poche** *[I argue with <u>them</u> because of pocket money]*
- **mes sorties** *[my outings]*
- **mes vêtements** *[my clothes]*
- **mon travail scolaire** *[my school work]*

On se dispute parce que - **je me bats avec mon frère** *[we argue because I fight with my brother]*

- **je leur réponds** *[I answer back to them]*

- **je dis beaucoup de mensonges** *[I tell a lot of lies]*

- **je ne fais jamais les tâches ménagères** *[I never do the house chores]*

- **je ne sors jamais la poubelle** *[I never take the rubbish out]*

- **je vole leur argent** *[I steal their money]*

Some more personality traits	Some more time markers to express frequency
colérique *[temperamental]*	**quelquefois** *[sometimes]*
égoïste *[selfish]*	**rarement** *[rarely]*
méchant(e) *[mean]*	**souvent** *[often]*
menteur(euse) *[liar]*	**presque tous les jours** *[nearly every day]*
violent(e) *[violent]*	**tous les trente-six du mois** *[once in a blue moon]*

Some more useful sentences for talking about the last time you argued with your parents

Mes parents et moi nous nous sommes disputés parce que... *[My parents and I argued because..]*

...j'ai dit des mots grossiers/gros mots *[I said swear words]*

...j'ai raté mes examens *[I failed my exams]*

...j'ai refusé d'aider avec les tâches ménagères *[I refused to help with the household chores]*

...je leur ai désobéi *[I disobeyed them]*

...je me suis très mal comporté(e) au collège *[I behaved very badly at school]*

...je n'ai pas fait mes devoirs *[I didn't do my homework]*

...je suis sorti(e) de la maison sans leur demander la permission

[I left the house without asking for their permission]

...nous ne nous comprenons pas bien *[we don't understand each other well]*

1. Match

Je me dispute	My outings
Avec mes parents	From time to time
D'habitude	My boyfriend
Mon comportement	My behaviour
Mon travail scolaire	My school results
De temps en temps	With my parents
Mes sorties	Usually
Mon copain	My clothes
Mes résultats scolaires	The people I hang out with
C'est surtout à cause de	My school work
Mes fréquentations	It's especially because of
Mes vêtements	I argue

2. Translate into English

a. Mon comportement

b. Mes fréquentations

c. De temps en temps

d. Je me dispute

e. C'est surtout à cause de

f. Mon travail scolaire

g. Ma copine

3. Complete the words with the missing letters

a. Mon comporte__ __ __ __

b. Mon cop__ __ __

c. Mon trav__ __ __ scolaire

d. Rare__ __ __ __

e. Mes __ __ __ __ments

f. Mes fr__ __ __ __ntations

g. D'habi__ __ __ __

4. Spot and correct the wrong translations

a. Je me dispute avec mes parents: *I argue with my parents*

b. À cause de mes vêtements: *because of my behaviour*

c. Au sujet de mes sorties: *because of my outings*

d. Parce que je suis bruyant: *because I am selfish*

e. Parce que je suis fainéant: *because I am lazy*

f. Parce que je suis sale: *because I am rude*

g. Parce que je suis désordonnée: *because I am clumsy*

h. Au sujet de mon comportement: *because of my outings*

5. Complete with the words in the table below

a. Je me _____ souvent avec mes parents.

b. C'est surtout au _____ de mes fréquentations.

c. On se dispute au sujet de mon _____ scolaire.

d. Ils se plaignent de mes résultats _____.

e. Ils disent que je suis bruyant et _____.

f. Ils se plaignent que je _____ trop de cigarettes.

g. Ils disent que je n'aide pas assez à la _____.

h. Ils se plaignent que je ne _____ jamais ma chambre.

désordonné	dispute	maison	scolaires
sujet	fume	travail	range

6. Translate into English

a. comportement

b. résultats scolaires

c. vêtements

d. bruyant

e. malpoli

f. sale

g. de temps en temps

h. je ne range pas ma chambre

i. je sors trop

7. Gapped translation

a. Je me dispute avec mes parents: *I _____ with my parents*

b. D'habitude, c'est à cause de mes sorties: *_____, it is because of my outings*

c. Mes parents se plaignent de mon comportement: *My parents complain about my _____*

d. Ils disent que je suis trop fainéant: *They say I am too _____*

e. Ils se plaignent que je ne les aide pas: *They complain that I don't _____ them*

f. Je ne fais jamais les tâches ménagères: *I never do the _____*

g. Je ne mets jamais la table: *I never _____ the table*

h. Je n'étudie pas assez: *I don't _____ enough*

8. Translate into French

a. My behaviour

b. The people I hang out with

c. My school results

d. My outings

e. My clothes

f. My school work

g. I smoke

h. I never tidy up my room

i. I go out too much

j. I am too noisy

k. I am clumsy

9. Spot and correct the spelling or grammar errors

a. Mon comportment à l'école

b. Je n'étude pas assez

c. C'est à cause de mes devoir

d. Je suis faineant

e. Mes parents se plaigne

f. Je ne range jamais pas ma chambre

g. Je sorts trop

h. Je ne les aide pas trop a la maison

i. Je suis maladrois et sale

j. Mes frequentations

10. Complete with the missing words

a. Mes parents disent que je suis trop _____: *[My parents say I am too noisy]*

b. Je n'_____ pas assez: *[I don't study enough]*

c. On se dispute au sujet de mes _____: *[We argue because of my outings]*

d. Mes _____ scolaires ne sont pas bons: *[My school results are not good]*

e. Mes parents se plaignent que je suis _____ et _____:
[My parents complain that I am impolite and lazy]

f. Je ne les _____ pas à la _____: *[I don't help them at home]*

g. Je ne _____ _____ ma chambre: *[I never tidy up my room]*

h. Mes parents n'aiment pas mes _____: *[My parents don't like my clothes]*

D'habitude je m'entends bien avec mes parents, mais de temps en temps nous nous disputons à cause de mes fréquentations, surtout mes copains Julien et Ronan. Mes parents disent qu'ils ont une mauvaise influence sur moi car ils sont impolis, fainéants et sales. Aussi, nous nous disputons à cause des tâches ménagères. Ils disent que je ne les aide pas assez à la maison. La dernière fois que nous nous sommes disputés, c'était le week-end dernier parce que je suis rentré très tard et j'étais un peu saoul *[drunk]*. (**Marc, 17 ans**)

11. Answer the following questions on Marc's text

a. How often does he argue with his parents?

b. Why does he mostly argue about with them?

c. What do his parents say about Ronan and Julien?

d. What is the other cause of their arguments?

e. Why did they argue last weekend?

(give two details)

12. Find in Marc's text the French for:

a. I get along well with my parents

b. We argue

c. Because of the people I hang out with

d. My parents say

e. A bad influence

f. Lazy and dirty

g. I don't help them enough

h. In the house

i. Last time we argued

j. It was

k. I came back home late

Je ne m'entends pas bien avec mes parents. Nous nous disputons toujours à cause de mes sorties, mes vêtements, mes résultats scolaires et de mes fréquentations. En plus, ils disent que je suis égoïste, désordonné, fainéant, impoli et méchant. Aussi, ils se plaignent que je ne range pas ma chambre, que je passe trop de temps sur les réseaux sociaux <u>au lieu de</u> *[instead of]* faire mes devoirs. Ils disent que je ne les aide pas assez à la maison. La dernière fois que nous nous sommes disputés, c'était hier, parce que je me suis battu avec mon petit frère et j'ai répondu à mon père <u>quand il me grondait.</u> *[when he was telling me off]* (**Philippe, 15 ans**)

13. Philippe's text - Gapped translation

I don't get on with my parents. We always argue because of my outings, my _____ , my school _____ and the people I hang out with. Moreover, they _____ that I am _____, _____, lazy, impolite and _____. Also, they _____ about the fact that I never _____ my room, that I spend too much time on _____ instead of doing my _____. They say that I don't help them enough at _____. The last time that we _____ it was because I _____ with my little brother and I _____ to my father when he was telling me off.

14. Find in the text the French for the following

a. Always: t_____

b. Outings: s_____

c. Clothes: v_____

d. Selfish: é_____

e. Messy: d_____

f. Mean: m_____

g. (I) spend: (Je) p_____

h. Social media: l___ r_____ s_____

15. Complete with the words in the grid below

Je ne m'_____ pas bien avec mes parents. Nous nous disputons _____ à cause de l'argent de poche, de mes _____, du travail scolaire et de mon _____. En plus, ils disent que je suis fainéante, malpolie et _____. Aussi, ils se _____ que je n'aide pas avec les tâches _____, que je sors tout le temps et que je _____trop de temps avec mes copines et sur les réseaux _____au lieu de *[instead of]* faire mes devoirs. Ils disent que je ne les aide pas assez et que je ne passe pas assez de temps _____. La dernière fois _____ nous nous sommes disputés, c'était vendredi dernier car ils m'avaient _____ fumer dans la rue avec mes copines. **(Sandrine, 16 ans)**

plaignent	ménagères	souvent	sociaux	en famille	vu
vêtements	entends	désordonnée	petit copain	passe	que

16. Sentence puzzle: put the sentences below in the correct order

a. mes Je avec parents souvent dispute me *[I often argue with my parents]*

b. jamais Je range ne chambre ma *[I never tidy up my room]*

c. et C'est de fréquentations à mes cause sorties de

[it is because of my outings and the people I hang out with]

d. Ils étudie disent n' je assez que pas *[they say that I don't study enough]*

e. se Mes plaignent parents de moi tout temps le *[my parents complain about me all the time]*

f. que suis Ils fainéant je disent *[they say that I am lazy]*

Key questions

Parle-moi de tes parents. Comment sont-ils?	*Talk to me about your parents. What are they like?*
Tu t'entends bien avec eux?	*Do you get on well with them?*
Comment est ta relation avec tes parents?	*What is your relationship with your parents like?*
Tu te disputes souvent avec eux?	*Do you often argue with them?*
Avec qui t'entends-tu le mieux? Pourquoi?	*Who do you get along best with? Why?*
Avec qui te disputes-tu la plupart du temps?	*Who do you argue with most of the time?*
Est-ce que tes parents se fâchent souvent avec toi? Pourquoi?	*Do your parents often get angry with you? Why?*
Est-ce que tu te fâches souvent avec eux?	*Do you often get angry with them?*
Pourquoi te disputes-tu avec eux?	*Why do you argue with them?*
Quelle est la cause la plus fréquente de vos disputes?	*What is the most frequent cause of your arguments?*
Que pourrais-tu faire pour améliorer ta relation avec eux?	*What could you do to improve your relationship with them?*
Que pourrais-tu faire pour éviter ces disputes?	*What could you do to avoid these arguments?*
Parle-moi de la dernière fois que tu t'es disputé(e) avec eux? Pourquoi vous vous êtes disputés?	*Talk to me about the last time you argued with them? Why did you argue?*

ANSWERS – Unit 13

1. Match: je me dispute – I argue   avec mes parents – with my parents   d'habitude – usually
mon comportement – my behaviour   mon travail scolaire – my school work   de temps en temps – from time to time
mes sorties – my outings   mon copain – my boyfriend   mes résultats scolaires – my school results
c'est surtout à cause de – it's especially because of   mes fréquentations – the people I hang out with
mes vêtements – my clothes

2. Translate: a) my behaviour   b) the people I hang out with   c) from time to time   d) I argue   e) it's mostly because of
f) my school work   g) my girlfriend

3. Complete: a) comporte**ment**   b) cop**ain**   c) trav**ail**   d) rare**ment**   e) **vête**ments   f) fr**éque**ntations   g) habi**tude**

4. Spot and correct the wrong translations: a) -   b) clothes   c) -   d) noisy   e) -   f) dirty   g) messy   h) behaviour

5. Complete: a) dispute   b) sujet   c) travail   d) scolaires   e) désordonné   f) fume   g) maison   h) range

6. Translate: a) behaviour   b) school results   c) clothes   d) noisy   e) impolite   f) dirty   g) from time to time
h) I do not tidy up my bedroom   i) I go out too much

7. Gapped translation: a) argue   b) usually   c) behaviour   d) lazy   e) help   f) house chores   g) set up   h) study

8. Translate: a) mon comportement   b) mes fréquentations   c) mes résultats scolaires   d) mes sorties   e) mes vêtements
f) mon travail scolaire g) je fume h) je ne range jamais ma chambre i) je sors trop j) je suis trop bruyant k) je suis maladroit

9. Spot and correct the spelling or grammar errors: a) comportement   b) étudie   c) devoirs   d) fainéant   e) plaignent
f) ~~pas~~   g) sors   h) à   i) maladroit   j) fréquentations

10. Complete: a) bruyant b) étudie c) sorties d) résultats e) malpoli/fainéant f) aide/maison g) range jamais h) vêtements

11. Answer the following questions: a) from time to time   b) because of the people he hangs out with
c) they have a bad influence on him, they are impolite, lazy and dirty d) house chores e) came home late and was a bit drunk

12. Find in Marc's text: a) je m'entends bien avec mes parents   b) nous nous disputons   c) à cause de mes fréquentations
d) mes parents disent   e) une mauvaise influence   f) fainéants et sales   g) je ne les aide pas assez   h) à la maison
i) la dernière fois que nous nous sommes disputés   j) c'était   k) je suis rentré tard

13. Gapped translation: clothes ; results ; say ; selfish ; messy ; mean ; complain ; tidy up ; social media ; homework ;
home ; argued ; fought ; answered back

14. Find in the French: a) toujours b) sorties c) vêtements d) égoïste e) désordonné f) méchant g) passe h) les réseaux
sociaux

15. Complete: entends ; souvent ; vêtements ; petit copain ; désordonnée ; plaignent ; ménagères ; passe ; sociaux ;
en famille ; que ; vu

16. Sentence puzzle: a) je me dispute souvent avec mes parents   b) je ne range jamais ma chambre
c) c'est à cause de mes sorties et fréquentations   d) ils disent que je n'étudie pas assez
e) mes parents se plaignent de moi tout le temps   f) ils disent que je suis fainéant

Unit 14. Discussing why couples break up

Des fois [Sometimes] Souvent [Often]	les gens [people] les couples [couples]	divorcent [divorce] se séparent [separate]	parce qu'… [because]

…il n'y a plus d'amour entre eux [there is no more love between them]

…il n'y a plus d'attraction entre eux deux [there is no more attraction between the two of them]

…il n'y a plus de respect entre eux [there is no more respect between them]

…ils n'ont plus - les mêmes buts dans la vie [they do not have the same goals in life anymore]

        - les mêmes goûts [the same tastes]

        - les mêmes intérêts [the same interests]

        - les mêmes opinions [the same opinions]

…ils ne s'aiment plus [they don't love each other anymore]

…ils se disputent beaucoup [they argue a lot]

…ils ne se sentent plus valorisés par l'autre [they don't feel valued by the other anymore]

…ils ne se supportent plus [they can't stand each other anymore]

…ils s'ennuient ensemble [they are bored together]

…ils se sentent négligés par l'autre [they feel neglected by the other]

…ils trouvent difficile de vivre ensemble [they find it difficult to live together]

…peu à peu ils se sont éloignés l'un de l'autre [little by little they have grown distant from each other]

…l'un d'entre eux est violent [one of them is violent]

---

ou [or] et [and]	à cause [because]	de la différence d'âge [age difference] de l'ennui [of boredom] de l'infidélité [infidelity] des beaux-parents [in-laws] des comportements abusifs [abusive behaviours] des différences culturelles [cultural differences] des problèmes au travail [problems at work] des problèmes d'argent [money problems] du manque d'amour [lack of love] du manque d'attraction physique [lack of physical attraction]

Un problème fréquent, c'est que les gens se marient… [A frequent issue is that people get married…]	pour les mauvaises raisons [for the wrong reasons] quand ils sont trop jeunes [when they are too young] sans avoir essayé de vivre ensemble auparavant [without having tried to live together before] sans être vraiment amoureux [without being really in love] sans vraiment se connaitre [without really knowing each other] sur un coup de tête [on an impulse] trop tôt [too early]

1. Gapped translation

a. Les gens divorcent: *People* _____

b. Il n'y a plus d'attirance physique entre eux: *There is no more* _____*them*

c. Il ne s'aiment plus: *They don't* _____ *each other any more*

d. L'un d'entre eux est violent: _____ *is violent*

e. Il ne se supportent pas: *They* _____ *each other*

f. Il n'y a plus de respect entre eux: *There is* _____ *between* _____

g. Ils se disputent beaucoup: *They* _____ *a lot*

h. Ils trouvent difficile de vivre ensemble: *They find it difficult to* _____

i. Ils ne se sentent pas valorisés par l'autre: *They don't feel* _____ *by the other*

j. Ils ne partagent pas les mêmes intérêts: *They* _____ *the same interests*

2. Match

Les gens se séparent	They feel neglected by the other person
Ils se disputent souvent	They are bored
Ils s'ennuient	They do not love each other any more
Ils trouvent difficile de vivre ensemble	They don't have the same interests
Ils se sentent négligés par l'autre	They find it difficult to live together
Ils ne s'aiment plus	People separate
Ils n'ont plus les mêmes goûts	There is no more love between them
Il n'y a plus d'amour entre eux	They argue often
Ils se sont éloignés l'un de l'autre	They have grown distant from one another
Ils n'ont pas les mêmes intérêts	There is no more physical attraction
Il n'y a plus d'attirance physique	They don't have the same tastes any more

3. Complete

a. Le gens se s_ _ _ _ _ _ _.

b. Ils ne s'a_ _ _ _ _ plus.

c. Ils s'e_ _ _ _ _ _ _.

d. Ils t_ _ _ _ _ _ _ difficile de vivre ensemble.

e. L'un d'entre eux e_ _ violent.

f. Ils n'o_ _ pas les mêmes goûts dans la vie.

g. Ils se d_ _ _ _ _ _ _ souvent.

h. Ils se s_ _ _ _ _ _ négligés pas l'autre.

i. Ils ne se s_ _ _ _ _ plus valorisés par l'autre.

j. Ils ne se s_ _ _ _ _ _ _ _ pas.

k. Les gens d_ _ _ _ _ _ _.

l. Ils t_ _ _ _ _ _ _ difficile de vivre ensemble.

m. Ils n'o_ _ pas les mêmes intérêts.

n. Il n'y a plus d'a_ _ _ _ _ _ _ physique.

4. Sentence puzzle – arrange the sentences below in the correct order

a. n' Il plus y a attirance entre eux d' physique

b. ne Ils pas supportent se

c. n' Ils ont mêmes buts les dans la pas vie

d. se Ils beaucoup disputent

e. de ensemble difficile vivre trouvent Ils

f. se Ils l'autre négligés par sentent

g. par ne l'autre Ils pas sentent valorisés se

h. Ils ont les mêmes pas goûts n'

---

5. Complete with the missing words

a. Ils _ _ s'aiment _ _ _ _ *[They don't love each other anymore]*

b. Ils _ _ disputent _ _ _ _ _ _ _ _ *[They argue a lot]*

c. Ils ne _ _ supportent _ _ _ *[They can't stand each other]*

d. Ils s'_ _ _ _ _ _ _ _ *[They are bored]*

e. Ils ne _ _ sentent pas _ _ _ _ _ _ _ _ _ par l'autre *[They don't feel valued by the other]*

f. L'un d'_ _ _ _ _ eux _ _ _ violent *[One of them is violent]*

g. Ils trouvent _ _ _ _ _ _ _ _ _ de _ _ _ _ _ ensemble *[They find it difficult to live together]*

h. Ils ne s'_ _ _ _ _ _ _ _ _ _ *[They don't love each other anymore]*

i. Il n'_ a plus _'attirance physique_ _ _ _ _ eux *[There is no more physical attraction between them]*

j. Il n'_ _ _ pas les _ _ _ _ _ goûts *[They don't have the same tastes]*

---

6. Match up

Ils ne se sentent pas	The same interests
Ils n'ont pas	Little by little
Les mêmes goûts	They don't love each other
Il n'y a plus de	They don't feel
Les mêmes intérêts	One of them
Ils ne s'aiment pas	People
L'un d'entre eux	They don't have
Peu à peu	They feel
Les gens	By the other
Par l'autre	There is no love
Ils ne se supportent pas	The same tastes
Ils se disputent	They can't stand each other
Il n'y a pas d'amour	They argue
Ils se sentent	There is no more

---

7. Translate into French

a. They feel

b. They can't stand each other

c. They argue

d. They don't have

e. They divorce

f. They separate

g. There isn't

h. They are bored

THE LANGUAGE GYM

142

8. Translate into French

a. *There is no more attraction between them:* I_ n' y a p_____ d'a_____ e_____ e__

b. *They can't stand each other*: I____ n_ s_ s_____ p_____

c. *They argue a lot*: I__ s__ d_____ b_____

d. *They feel neglected*: I____ s___ s_____ n_____

e. *They are bored*: I___ s'e_____

f. *There is no more love between them*: I__ n'y a p_____ d'a_____ e_____ e_____

g. *They find it difficult to live together*: I___ t_____ d_____ d__ v_____ e_____

h. *One of them is violent*: l'__ d'e_____ e_____ e_____ v_____

---

9. Faulty translation: spot and correct the translation errors

a. À cause de l'ennui: *Because of money*

b. À cause de problèmes au travail: *Because of problems at work*

c. À cause du manque d'amour: *Because of lack of understanding*

d. À cause de problèmes d'argent: *Because of money problems*

e. À cause des violences conjugales: *Because of domestic violence*

f. À cause des différences culturelles: *Because of cultural problems*

g. À cause du manque d'attraction physique: *Because of lack of physical attraction*

h. À cause de l'infidélité: *Because of lack of communication*

---

10. Match

L'ennui	Unfaithfulness
Les différences culturelles	Political orientation
La différence d'âge	Boredom
Le manque d'amour	In-laws
L'infidélité	Cultural differences
Les problèmes au travail	Money problems
Les disputes	Problems at work
Les problèmes d'argent	Abusive behaviour
L'orientation politique	Age difference
Les beaux-parents	Lack of love
Les comportements abusifs	Arguments, fights

---

11. Spot and correct the spelling/grammar mistakes

a. l'enni

b. l'infideliti

c. les beaus parents

d. les comportement abusifs

e. le manc d'amour

f. les différences cultureles

g. les problèmes au travel

h. l'orientation politic

i. les problèmes du argent

12. Multiple choice quiz

	a	b	c
Boredom	l'ennui	le manque	le goût
Taste	l'intérêt	l'amour	le goût
Little by little	de temps en temps	peu à peu	de pire en pire
The lack of	le manque de	le plus de	le mieux de
In-laws	les grands-parents	les sous-parents	les beaux-parents
One of them	un pour eux	l'un d'entre eux	un sans eux
They are bored	ils s'aiment	ils s'ennuient	ils rigolent
They feel	ils se sentent	ils s'ennuient	ils s'aiment
Money	l'intérêt	la note	l'argent
To live	parler	se disputer	vivre
To value	évaluer	valoriser	partager

13. Complete

a. Les probl_m_s d'ar_ _ _ t

b. L'e_ _ ui

c. Le m_ _ qu_ d'a_ _ ur

d. Les d_ f_ é_ _ _ c_ _ cultur_ _ _ _ s

e. Les probl_m_ _ au t_ _ _ _il

f. L'_ _fi_ _ _ _ t_

g. Les violences conjuga_ _ _

h. Les b_ _ _x-parents

i. Les c_ _ por_ _ _ _ _ _s abu_ _ _s

14. Translate into English

a. Les beaux-parents

b. L'ennui

c. Les problèmes d'argent

d. Les différences culturelles

e. Les problèmes au travail

f. Les disputes

g. Les comportements abusifs

h. Le manque d'amour

i. L'infidélité

15. Translate into English

a. Souvent les gens divorcent à cause de l'infidélité.

b. À mon avis, les couples se séparent surtout [**above all**] à cause du manque d'amour.

c. Des fois, ce sont les problèmes d'argent qui causent les divorces.

d. Quelquefois, les couples se séparent parce qu'il se disputent beaucoup.

e. L'ennui est une des causes principales des divorces.

f. Un problème fréquent, c'est que les gens se marient pour les mauvaises raisons.

a. **Suzanne**: « À mon avis les gens se séparent surtout à cause de l'ennui. »

b. **Florence**: « Je pense que les couples se séparent surtout à cause du manque d'amour. »

c. **Marcel**: « Je crois que beaucoup de couples se séparent parce qu'ils ne se supportent plus et ils trouvent impossible de continuer à vivre ensemble. »

d. **Laetitia**: « Dans beaucoup de cas, la femme se sent négligée par l'homme. »

e. **Sandrine**: « Beaucoup de gens se séparent à cause des comportements abusifs. »

f. **Mathieu:** « Souvent les gens se séparent car ils ne partagent pas les mêmes buts dans la vie. »

g. **Marianne**: « Une cause fréquente des séparations, c'est le stress causé par les problèmes au travail. »

h. **Julie**: « Un problème fréquent des couples, c'est qu'il n'y a plus de respect entre eux. »

i. **Maurice**: « Une cause fréquente des séparations, c'est la tromperie. »

16. Find in the texts above the people who says the following statements and write their names in the spaces provided

a. A common cause of separations is cheating: _____

b. People separate mainly because of boredom: _____

c. Women are often neglected by men: _____

d. Many couples separate because they can't stand each other anymore: _____

e. People often separate because they don't share the same goals in life: _____

f. Problems at work are a common cause of separations: _____

g. Abusive behaviours cause many people to separate: _____

17. Find in the texts above the French equivalent for

a. A frequent problem

b. Cheating

c. There is no more respect

d. By problems at work

e. The same goals

f. In my opinion

g. Because of boredom

h. They can't stand each other

i. In life

j. Above all

k. They don't share

l. People

m. Often

n. In many cases

o. The woman

p. By the man

18. Match

Un problème fréquent	Without having tried
Sur un coup de tête	For the wrong reasons
Pour les mauvaises raisons	People get married
Les gens se marient	A frequent issue
Sans avoir essayé	Without thinking seriously
Vivre ensemble	To live together
Sans être vraiment amoureux	On an impulse
Ils sont trop jeunes	Without being truly in love
Sans réfléchir sérieusement	Without knowing each other
Sans se connaître	They are too young

19. Sentence puzzle – rewrite the sentences in the correct order

a. de Beaucoup se gens pour raisons mauvaises marient les *[Many people marry for the wrong reasons]*

b. de jeunes se sur un coup marient de Beaucoup tête *[Many young people marry on an impulse]*

c. y a Il des qui ensemble se couples marient auparavant vivre essayé sans de avoir

[There are couples who marry without having tried to live together before]

d. Les souvent cause se de à séparent gens l'ennui *[People often separate because of boredom]*

e. Un fréquent c'est problème les gens que se trop tôt marient

[A common problem is that people marry too early]

f. gens souvent Les séparent se car ils ne se supportent plus

[People often separate because they can't stand each other anymore]

20. Complete the sentences

a. Des fois les g_ _ _ se séparent à c_ _ _ _ de l'ennui.

b. Souvent les c_ _ _ _ _ _ divorcent parce qu'ils ne se s_ _ _ _ _ _ _ _ _ plus.

c. Les gens souvent se m_ _ _ _ _ _ sur un c_ _ _ de t_ _ _.

d. B_ _ _ _ _ _ _ de gens divorcent car ils n'ont plus les m_ _ _ _ buts dans la v_ _.

e. Un gros p_ _ _ _ _ _ _ c'est le m_ _ _ _ _ d'amour.

f. Des fois, la f_ _ _ _ ne se sent pas v_ _ _ _ _ _ _ par l'homme.

g. Souvent, il n'y a p_ _ _ d'attraction e_ _ _ _ eux.

h. Beaucoup de g_ _ _ se marient pour les m_ _ _ _ _ _ _ raisons.

i. Les c_ _ _ _ _ _ _ _ _ _ _ abusifs sont une autre c_ _ _ _ importante des divorces.

Je connais beaucoup de gens qui ont divorcé et d'autres qui sont en train de divorcer. Ils divorcent tous plus ou moins pour les mêmes raisons. La plupart d'entre eux se séparent parce qu'il n'y a plus d'amour entre eux, ils s'ennuient ensemble et ils se disputent tout le temps. Donc, ils ne se supportent plus. D'autres se séparent en raison de problèmes d'argent ou du stress causé par le travail. Par contre, un de mes meilleurs ami, Laurent, a divorcé de sa femme à cause de son infidélité. Un problème assez fréquent, c'est que les gens se marient trop tôt, sur un coup de tête, sans vraiment réfléchir et sans vraiment bien se connaître. Dans d'autres cas, ils se marient pour les mauvaises raisons, par exemple, pour l'argent ou pour fuir la solitude. Une de mes amies, Suzanne, s'est mariée seulement parce qu'elle voulait avoir un enfant.   **(Jean-Marc, 28 ans)**

21. Find the French equivalent for the following in Jean-Marc's text

a. I know a lot of people

b. In the process of divorcing

c. For the same reasons

d. The majority of them

e. They are bored

f. Because of money problems

g. Caused by

h. On the other hand

i. People get married

j. On an impulse

k. Without really knowing each other

l. In other cases

m. For the wrong reasons

n. To escape loneliness

o. She wanted a child

22. Answer the questions below

a. What are the three main reasons why the majority of people Jean-Marc knows divorce?

b. What happened to Laurent?

c. What is a frequent problem with the way people marry?

d. What are the wrong reasons for getting married that Jean-Marc mentions?

e. Why did his friend Suzanne get married?

23. Translate into English

a. Je connais beaucoup de gens

b. Pour les mêmes raisons

c. Il n'y a plus d'amour entre eux

d. Ils s'ennuient

e. Ils ne se supportent pas

f. D'autres se séparent à cause de problèmes d'argent

g. Un autre problème

h. Les gens se marient sur un coup de tête

24. Correct the sentences below, taken from Jean-Marc's text. (first try without looking at the text)

a. D'autres qui sont train de divorcer.

b. La plupart d'ils se séparent pour les mêmes raisons.

c. Il y a plus d'amour entre eux.

d. Ils se disputent tout temps.

e. Laurent est divorcé sa femme.

f. Un de mes meilleur amis.

g. Le gens marient trop tôt.

h. Ils se marient pour les raisons mauvaises.

i. Une de mes amies a marié parce qu'elle vouloir un enfant.

THE LANGUAGE GYM

J'ai beaucoup d'amis qui sont en train de divorcer. Ils divorcent tous plus ou moins pour les mêmes raisons. La plupart d'entre eux se séparent parce qu'il n'y a plus d'attirance physique entre eux, ils trouvent difficile de vivre ensemble et n'ont plus les mêmes buts dans la vie. D'autres se séparent en raison de l'infidélité. D'autres encore parce qu'ils ne se sentent pas valorisés par l'autre conjoint [**partner**]. L'une de mes meilleures amies, Jeanne, a divorcé de son mari à cause de ses comportements abusifs. Il était violent. Un problème assez fréquent, c'est que les gens se marient trop tôt, sans avoir essayé de vivre ensemble auparavant. Dans d'autres cas, ils se marient pour les mauvaises raisons, par exemple, parce qu'ils se sentent seuls ou parce que leurs familles leur mettent la pression. **(Louise, 32 ans)**

26. Find the words below in Louise's text

a. same: m_ _ _ _

b. majority: p_ _ _ _ _ _

c. them: e_ _

d. attraction: a_ _ _ _ _ _ _

e. between: e_ _ _ _

f. to live: v_ _ _ _

g. together: e_ _ _ _ _ _

h. other: a_ _ _ _ _

i. spouse: c_ _ _ _ _ _

j. best: m_ _ _ _ _ _ _ _

k. husband: m_ _ _

l. behaviours: c_ _ _ _ _ _ _ _ _ _ _

m. early: t_ _

n. reasons: r_ _ _ _ _ _

o. lonely: s_ _ _ _

p. pressure: p_ _ _ _ _ _

25. Find the French equivalent for the following phrases in Louise's text

a. I have a lot of friends

b. More or less

c. For the same reasons

d. There is no more physical attraction

e. They find it difficult to live together

f. The same goals in life

g. They don't feel valued

h. The other spouse

i. One of my best friends

j. Because of her abusive behaviours

k. People marry too soon

l. On other occasions (other times)

m. They feel lonely

n. Put pressure on them

27. Translate into English

a. L'un de mes meilleurs amis

b. Sa femme

c. Les gens se marient trop tôt

d. Leur mettent la pression

e. Les mêmes buts

f. Vivre ensemble

g. D'autres fois

h. La plupart d'entre eux

i. Plus ou moins

j. Les mauvaises raisons

 **THE LANGUAGE GYM**

ANSWERS – Unit 14

1. Gapped translation: a) divorce b) physical attraction between c) love d) one of them e) can't stand
f) no more respect/them g) argue h) live together i) valued j) don't share

2. Match: les gens se séparent – people separate   ils se disputent souvent – they argue often   ils s'ennuient – they are bored
ils trouvent difficile de vivre ensemble – they find it difficult to live together
ils se sentent négligés par l'autre – they feel neglected by the other person
ils ne s'aiment plus – they do not love each other anymore
ils n'ont plus les mêmes goûts – they don't have the same tastes anymore
il n'y a plus d'amour entre eux – there is no more love between them
ils se sont éloignés l'un de l'autre – they have grown distant from one another
ils n'ont pas les mêmes intérêts – they don't have the same interests
il n'y a plus d'attirance physique – there is no more physical attraction

3. Complete: a) séparent b) aiment c) ennuient d) trouvent e) est f) ont g) disputent h) sentent i) sentent
j) supportent k) divorcent l) trouvent m) ont n) attirance

4. Sentence puzzle: a) il n'y a plus d'attirance physique entre eux   b) ils ne se supportent pas
c) ils n'ont pas les mêmes buts dans la vie   d) ils se disputent beaucoup   e) ils trouvent difficile de vivre ensemble
f) ils se sentent négligés par l'autre g) ils ne se sentent pas valorisés par l'autre   h) ils n'ont pas les mêmes goûts

5. Complete: a) ne/plus   b) se/beaucoup   c) se/pas   d) ennuient   e) se/valorisés   f) entre/est   g) difficile/vivre
h) aiment plus   i) y/d'/entre   j) ont/mêmes

6. Match: ils ne se sentent pas – they don't feel   ils n'ont pas – they don't have   les mêmes goûts – the same tastes
il n'y a plus de – there is no more   les mêmes intérêts – the same interests   ils ne s'aiment pas – they don't love each other
l'un d'entre eux – one of them   peu à peu – little by little   les gens – people   par l'autre – by the other
ils ne se supportent pas – they can't stand each other   ils se disputent – they argue   il n'y a pas d'amour – there is no love
ils se sentent – they feel

7. Translate: a) ils se sentent b) ils ne supportent pas c) ils se disputent d) ils n'ont pas e) ils divorcent f) ils se séparent
g) il n'y a pas   h) ils s'ennuient

8. Translate: a) il n'y a plus d'attraction entre eux   b) ils ne se supportent pas   c) ils se disputent beaucoup
d) ils se sentent négligés   e) ils s'ennuient   f) il n'y a plus d'amour entre eux   g) ils trouvent difficile de vivre ensemble
h) l'un d'entre eux est violent

9. Faulty translation: a) boredom   b) -   c) love   d) -   e) -   f) differences   g) -   h) unfaithfulness

10. Match: l'ennui – boredom   les différences culturelles – cultural differences   la différence d'âge – age difference
le manque d'amour – lack of love   l'infidélité – unfaithfulness   les problèmes au travail – problems at work
les disputes – arguments, fights   les problèmes d'argent – money problems   l'orientation politique – political orientation
les beaux-parents – in-laws   les comportements abusifs – abusive behaviours

11. Spot and correct the spelling/grammar mistakes: a) ennui   b) infidélité   c) les beaux-parents   d) comportements
e) manque   f) culturelles   g) travail   h) politique   i) ~~du~~ d'

12. Multiple choice quiz: a ; c ; b ; a ; c ; b ; b ; a ; c ; c ; b

13. Complete: a) problèmes d'argent   b) ennui   c) manque d'amour   d) différences culturelles   e) problèmes/travail
f) infidélité   g) conjugales   h) beaux   i) comportements abusifs

14. Translate: a) in-laws   b) boredom   c) money problems   d) cultural differences   e) problems at work   f) arguments
g) abusive behaviours   h) lack of love   i) unfaithfulness

15. Translate: a) often people divorce because of unfaithfulness
b) in my opinion couples separate above all because of a lack of love c) sometimes it is money problems that cause divorces
d) sometimes couples separate because they argue a lot   e) boredom is one of the prime causes of divorces
f) a frequent problem is that people get married for the wrong reasons

16. Find in the texts above the people who says the following: a) Maurice   b) Suzanne   c) laetitia   d) Marcel   e) Mathieu
f) Marianne   g) Sandrine

17. Find in the texts: a) une cause fréquente   b) tromperie   c) il n'y a plus de respect   d) par les problèmes au travail
e) les mêmes buts   f) à mon avis   g) à cause de l'ennui   h) ils ne se supportent pas   i) dans la vie   j) surtout
k) ils ne partagent pas   l) les gens   m) souvent   n) dans beaucoup de cas   o) la femme   p) par l'homme

18. Match: un problème fréquent – a frequent issue   sur un coup de tête – on an impulse
pour les mauvaises raisons – for the wrong reasons   les gens se marient – people get married
sans avoir éssayer – without having tried   vivre ensemble – to live together
sans être vraiment amoureux – without being truly in love   ils sont trop jeunes – they are too young
sans réfléchir sérieusement – without thinking seriously   sans se connaître – without knowing each other

19. Sentence puzzle: a) beaucoup de gens se marient pour les mauvaises raisons
b) beaucoup de jeunes se marient sur un coup de tête
c) il y a des couples qui se marient sans avoir essayé de vivre ensemble auparavant
d) souvent les gens se séparent à cause de l'ennui   e) un problème fréquent c'est que les gens se marient trop tôt
f) les gens se séparent souvent car ils ne se supportent pas

20. Complete: a) gens/cause   b) couples/supportent   c) marient/coup/tête   d) beaucoup/mêmes/vie   e) problème/manque
f) femme/valorisée   g) plus/entre   h) gens/mauvaises   i) comportements/cause

21. Find the French equivalent: a) je connais beaucoup de gens   b) en train de divorcer   c) pour les mêmes raisons
d) la plupart d'entre eux e) ils s'ennuient f) en raison de problèmes d'argent g) causé par h) par contre i) les gens se marient
j) sur un coup de tête   k) sans vraiment se connaître l) dans d'autres cas   m) pour les mauvaises raisons
n) pour fuir la solitude   o) elle voulait avoir un enfant

22. Answer: a) no more love, money and argue all the time   b) he divorced
c) too early, on an impulse and without really knowing each other   d) money or loneliness   e) to have a child

23. Translate: a) I know a lot of people   b) for the same reasons   c) there is no more love between them   d) they are bored
e) they can't stand each other   f) some get separated because of money problems   g) another problem
h) people get married on an impulse

24. Correct the sentences below: a) sont en train b) la plupart d'entre eux c) il n'y a d) tout le temps e) Laurent a ~~est~~
f) meilleurs   g) les gens se marient   h) les mauvaises raisons   i) s'est mariée/elle voulait

25. Find the French equivalent: a) j'ai beaucoup d'amis   b) plus ou moins   c) pour les mêmes raisons
d) il n'y a plus d'attirance physique   e) ils trouvent difficile de vivre ensemble   f) les mêmes buts dans la vie
g) ils ne se sentent pas valorisés   h) l'autre conjoint   i) l'une de mes meilleures amies
j) à cause de ses comportements abusifs   k) les gens se marient trop tôt   l) d'autres fois   m) ils se sentent seuls
n) leur mettent la pression

26. Find the words: a) mêmes   b) plupart   c) eux   d) attirance   e) entre   f) vivre   g) ensemble   h) autres   i) conjoint
j) meilleures   k) mari   l) comportements   m) tôt   n) raisons   o) seule   p) pression

27. Translate: a) one of my best friends   b) his wife   c) people get married too early   d) put pressure on them
e) the same goals   f) to live together   g) other times   h) most of them   i) more or less   j) the wrong reasons

Unit 15. Talking about a person you admire

Un jour, je voudrais être comme *[One day, I would like to be like]* **Une personne que j'admire, c'est** *[A person that I admire is]* **Une personne qui m'inspire, c'est** *[A person who inspires me is]*	**ma mère** *[my mother]* **mon père** *[my father]* **mon prof de...** *[my teacher of...]* **Ariana Grande** **Dwaine "The Rock" Johnson**	**Cristiano Ronaldo** **Leo Messi** **Selena Gomez** **Taylor Swift**

parce qu'il *[because he]* **parce qu'elle** *[because she]*	**est** *[is]*	**toujours optimiste** *[always optimistic]* **très beau/belle** *[very handsome/pretty]* **très branché(e)** *[very trendy]* **très charismatique** *[very charistmatic]* **très riche et connu(e)** *[very rich and famous]* **très courageux/courageuse** *[very brave]* **très créatif/créative** *[very creative]* **très fort(e)** *[very strong]* **très intelligent(e)** *[very intelligent]* **un vrai génie** *[a real genius]*

Il *[He]* **Elle** *[She]*	**a un physique parfait** *[has a perfect physique]* **danse magnifiquement bien** *[dances magnificiently well]* **est quelqu'un qui a réussi dans la vie** *[is someone who has been successful in life]* **est toujours très bien habillé(e)** *[is always very well dressed]* **fait beaucoup de sacrifices pour sa famille** *[makes a lot of sacrifices for his/her family]* **joue très bien au foot/basket/golf** *[plays football/basketball/golf very well]* **n'a peur de rien** *[is not afraid of anything]*	
	est un grand *[is a great -masc-]* **est une grande** *[is a great -fem-]*	**acteur/actrice** *[actor/actress]* **chanteur/chanteuse** *[singer]* **homme/femme politique** *[politician]* **joueur/joueuse de foot** *[footballer]*
	se bat pour *[fights for]*	**l'égalité entre les sexes** *[gender equality]* **la justice sociale** *[fights for social justice]* **la paix dans le monde** *[for world peace]* **la protection de l'environnement** *[the protection of the environment]* **une cause importante** *[an important cause]* **une noble cause** *[a noble cause]*

tout le monde l'aime *[everyone loves him/her]*
tout le monde le/la respecte *[everyone respects him/her]*

1. Match

Une personne que je respecte beaucoup	He has succeeded in life
Une personne que j'admire	One day I would like to be like him/her
Une personne qui m'inspire	Everyone loves him
Un jour je voudrais être comme lui/elle	He is not afraid of anything
Il n'a peur de rien	He is a great singer
Il se bat pour la paix dans le monde	A person that I admire
Il est un grand chanteur	He fights for gender equality
Il a réussi dans la vie	A person who inspires me
Tout le monde l'aime	He fights for world peace
Il se bat pour l'égalité des sexes	A person I respect a lot

2. Translate into English

a. Une personne que je respecte beaucoup c'est 'The Rock'.

b. Un jour je voudrais être comme lui.

c. C'est quelqu'un qui a réussi dans la vie.

d. Il fait beaucoup de sacrifices pour sa famille.

e. Il se bat pour une cause importante.

f. Tout le monde le respecte.

g. Il joue très bien au basket.

h. Elle danse très bien.

i. Il est très branché.

j. Elle est très connue.

3. Complete the word

a. trendy: br _ _ _ _ é

b. singer (M): ch _ _ _ _ _ r

c. dancer (M): dan _ _ _ r

d. good-looking (M): b _ _ u

e. famous (M): c _ _ _ _

f. dancer (F): dans _ _ _ e

g. someone: qu _ _ _ _ ' n

h. everyone: tout le m _ _ _ e

i. one day: un j _ _ _

j. he fights: il se b _ _

k. a person: une pers _ _ _ _

4. Sentence puzzle

a. Une que j'admire Usain Bolt personne c'est *[A person I admire is Usain Bolt]*

b. est la Ariana Grande monde meilleure du chanteuse *[Ariana Grande is the best singer in the world]*

c. est The Rock très musclé grand, fort et *[The Rock is very tall, strong and muscular]*

d. qui Une m'inspire, père c'est personne mon *[a person who inspires me is my father]*

e. Greta Thunberg J'admire se parce bat pour qu'elle l'environnement
[I admire Gretha Thunberg because she fights for the environment]

f. Je Luc voudrais oncle mon car a il dans la vie être comme réussi
[I would like to be like my uncle Luc because he has succeeded in life]

5. Gapped translation

a. Je l'admire parce qu'il est très **riche**: *I admire him because he is very* _____

b. Elle est très **connue**: *She is very* _____

c. Il travaille **dur** pour sa famille: *He works* _____ *for his family*

d. Je l'admire parce qu'elle a **réussi** dans la vie: *I admire her because she has* _____ *in life*

e. Elle fait **beaucoup** de sacrifices: *She makes* _____ *of sacrifices*

f. Elle **se bat** pour une noble cause: *She* _____ *for a noble cause*

g. Il **chante** très bien: *He* _____ *very well*

h. Elle n'a peur de **rien**: *She is afraid of* _____

i. Il fait beaucoup de **bénévolat**: *He does a lot of* _____

j. Il a un grand **sens de l'humour**: *He has a great* _____

---

6. Complete with the options provided below

a. J'admire Usain Bolt parce qu'il est l'homme le plus rapide du _____.

b. J'admire Cristiano Ronaldo parce qu'il est le _____ footballeur du monde.

c. Je voudrais _____ comme Kim Kardashian parce qu'elle est _____ et riche.

d. Ariana Grande est mon idole parce qu'elle est belle et _____ très bien.

e. J'admire beaucoup mon père parce qu'il _____ dur pour nous.

f. J'admire ma mère aussi, car elle _____ beaucoup de sacrifices pour nous.

g. Je voudrais être _____ mon prof de français parce qu'il _____ beaucoup de langues étrangères.

h. J'admire Greta Thunberg parce qu'elle se _____ pour une cause très importante.

i. J'admire mon meilleur copain, Jean, parce qu'il est _____, fort et musclé.

j. J'admire mon oncle Pierre, parce qu'il est très courageux: il n'a _____ de rien!

beau	monde	fait	belle	chante	peur
bat	parle	meilleur	être	travaille	comme

---

7. Break the flow. Separate the words as shown in the example

EXAMPLE: Je/voudrais/être/comme/lui

a. Unepersonnequej'admire

b. Ilestfortetcourageux

c. Iln'apeurderien

d. Ellearéussidanslavie

e. Ilestbeauetriche

f. Ilfaitbeaucoupdesacrifices

g. Ellechantetrèsbien

h. Ilestl'hommeleplusrapidedumonde

i. Unepersonnequim'inspire

j. Ellefaitbeaucoupdebénévolat

THE LANGUAGE GYM

8. Match

Branché	Brave
Beau	Trendy
Généreux	Passionate
Courageux	Strong
Fort	The best
Rigolo	Good-looking
Le meilleur	Hard-working
Passionné	Generous
Travailleur	Rich
Riche	Funny
Connu	Elegant
Élégant	Famous

9. Faulty translation – identify and fix the incorrect translations

a. Elle est branchée: *she is beautiful*

b. Il est le meilleur: *he is the best*

c. Elle est rigolote: *she is funny*

d. Il est passionné: *he is passionate*

e. Elle est travailleuse: *she is hard-working*

f. Il est fort: *he is clever*

g. Elle est riche: *she is rich*

h. Il est connu: *he is committed*

i. Elle est courageuse: *she is brave*

10. Spot and write the missing word

a. Il est meilleur joueur de foot du monde *[He is the best footballer in the world]*

b. Elle bat pour une cause importante *[She fights for an important cause]*

c. Il beaucoup de bénévolat *[He does a lot of charity work]*

d. Elle bien réussi dans la vie *[She has succeeded in life]*

e. Elle travaille dur pour famille *[She works hard for her family]*

f. Elle fait beaucoup sacrifices pour nous *[She makes a lot of sacrifices for us]*

g. Une personne j'admire, c'est mon oncle *[A person I admire is my uncle]*

h. Il est très courageux: il n'a peur rien *[He is very brave: he is afraid of nothing]*

i. Une personne m'inspire, c'est Leo Messi *[A person who inspires me is Leo Messi]*

11. Complete with a suitable word. Make sure each sentence makes sense

a. Une personne qui m'inspire c'est _____.

b. Il est _____, _____ et _____.

c. Elle fait beaucoup de sacrifices pour _____.

d. Il se bat pour _____.

e. Elle est la meilleure _____ du monde.

f. Je voudrais être comme _____ parce qu'____ est _____.

g. Sa meilleure qualité c'est _____.

h. Il est connu parce qu'il est _____.

THE LANGUAGE GYM

12. Translate into French

a. *She fights for world peace:* E_____ s__ b____ p_____ l_ p_____ d_____ l_ m_____

b. *She is the best singer in the world*: E____ e__ l__ m_____ c_____ d__ m_____

c. *She works very hard*: E_____ t_____ t____ d_____

d. *He makes a lot of sacrifices*: I____ f_____ b_____ d____ s_____

e. *He is afraid of nothing*: I___ n'___ p_____ d__ r_____

f. *She is very intelligent*: E_____ e____ t____ i_____

g. *She does a lot of charity work*: E_____ f_____ b_____ d__ b_____

h. *He is very strong and muscular*: I___ e____ t_____ f_____ e__ m_____

i. *She is very passionate about her work*: E____ e____ t____ p_____ p_____ s____ t_____

---

a. Aurélien: « Moi, j'admire Leo Messi. À mon avis, il est le meilleur footballeur du monde. Il est aussi humble, intelligent et il fait beaucoup de bénévolat. »

b. Sabine: « Un modèle pour moi, c'est Cameron Diaz. Elle essaie d'enseigner aux jeunes filles de garder la forme et de respecter leur propre corps. »

c. Marie-Louise: « Moi, j'admire Justin Timberlake, car c'est un grand chanteur et danseur et il est très travailleur et humble. »

d. Florence: « Une personne qui m'inspire, c'est Michelle Obama, car elle se bat contre le racisme et pour les droits des femmes. »

e. Sylvie: « Moi, j'adore Taylor Swift, car elle écrit et chante de très belles chansons. Elle est optimiste et rigolote. Elle est très belle et intelligente aussi. »

f. Thérèse: « Une personne que j'admire, c'est Reese Witherspoon car elle essaie de sensibiliser les gens au problème de la marginalisation, comme les personnes sans domicile fixe. »

g. Jean: « Moi, j'admire ma mère car elle travaille très dur et fait beaucoup de sacrifices pour nous. Elle est aussi toujours là pour moi. Elle me soutient quoique je fasse et elle me remonte le moral quand je suis très triste. »

---

13. Find in the text the French for the following

a. In my opinion

b. He does a lot of volunteer work

c. She tries to teach young girls

d. To stay fit

e. A great singer

f. Very hard-working

g. A person who inspires me

h. She fights for

i. Women's rights

j. She writes and sings

k. Very beautiful songs

l. Funny

m. A person I admire

n. She tries to sensitise people

o. Like homeless people

p. She works hard

q. Makes a lot of sacrifices for us

r. She is always there for me

s. She cheers me up when I am sad

Une personne que j'admire énormément, c'est Angelina Jolie. C'est une actrice connue au grand cœur et qui fait beaucoup de bénévolat. Elle n'hésite pas à donner aux gens qui ont besoin d'aide.

Elle a été nommée ambassadrice de bonne volonté de l'Agence des Nations Unies pour les réfugiés. Une de ses missions est de sensibiliser le public aux conditions de vie difficiles des réfugiés dans les camps.

Pour elle, tout le monde devrait avoir droit à l'égalité et la justice, et aussi la possibilité de vivre une vie épanouie [**fulfilling**] en toute sécurité. Ainsi, elle tend la main aux plus démunis [**destitute**] dans l'espoir de pouvoir faire une différence dans leurs vies.

De nombreuses personnes souffrent dans le monde et nul ne peut ignorer cela. Je pense que nous avons besoin de plus de personnalités comme Angelina Jolie pour aider les gens à regagner confiance en eux et pour leur offrir un nouveau départ dans la vie. Voilà pourquoi c'est la personne que j'admire le plus au monde. **(Céline, 17 ans)**

14. Find the French equivalent

a. A person I admire a great deal

b. Famous

c. With a big heart

d. Who does a lot of volunteer work

e. To give

f. People who need help

g. Good-will ambassador

h. Refugees

i. To sensitise

j. Life conditions

k. Everyone should have the right to

l. To live a fulfilling life

m. She extends a hand to the most destitute

n. To make a difference

o. Numerous people suffer

p. We need more leading figures like

q. To help people

r. That's why

s. Whom I admire the most

t. In the world

15. Answer the questions on the text

a. How does Céline describe Angelina Jolie in the first paragraph?

b. What is the role the UN agency for refugees gave her? What is one of her missions?

c. What does she want everyone to have?

d. What is her hope?

e. Why does Céline believe we should have more people like Angelina Jolie?

16. Translate the following phrases/ sentences from Céline's text

a. Une actrice connue

b. Au grand cœur

c. Donner aux gens

d. Qui ont besoin d'aide

e. Conditions de vie

f. Tout le monde devrait

g. En toute sécurité

h. Dans l'espoir de

i. Je pense que

j. Voilà pourquoi

k. Au monde

THE LANGUAGE GYM

Nicolas Hulot. Monsieur Hulot n'est pas simplement un présentateur de télévision, même s'il a pendant longtemps été l'animateur d'Ushuaïa, une émission dédiée à la nature et à l'environnement.

Maintenant, c'est un homme politique qui se bat pour la cause de la protection de l'environnement en France et dans le monde. La raison pour laquelle [**the reason why**] je l'admire, c'est parce que c'est quelqu'un de passionné qui a des principes, ce qui est rare dans notre société de nos jours.

J'admire beaucoup cette personne car c'est quelqu'un qui met ses idéaux et son amour de la nature avant la gloire et la notoriété. Il nous faut plus de gens comme lui pour sauver notre planète des dangers du réchauffement climatique.

Un jour, moi aussi je voudrais me battre pour la cause de l'environnement et faire une différence autour de moi. Pour l'instant, je vais au collège en vélo tous les jours et je recycle tous les déchets chez moi. C'est un début! (**Cédric, 18 ans**)

---

17. Find the French equivalent of the following in the text

a. Isn't simply (he)

b. For a long time

c. A program devoted to nature

d. A politician

e. Who fights for

f. In the world

g. The reason why I admire him

h. Someone passionate

i. Who has principles

j. In today's society

k. Before glory and fame

l. We need

m. More people like him

n. Global warming

o. One day

p. I would like to fight for

q. To make a difference

r. Around me

---

18. Complete the sentences below based on the text above

a. Nicolas Hulot is not simply _____ even though he has been for a long time the presenter of a tv

program _____ to nature and the _____.

b. Now he is a _____ who _____ in France and in

the _____.

c. I admire him because he is a passionate man who _____, which is rare these days.

d. He is a man who puts his _____ before

_____ and notoriety.

e. We need more people like him to _____

_____.

f. At the moment, _____ _____ . It's a _____!

Une personne qui m'a toujours inspiré, c'est ma mère. Après la mort de mon père, elle a travaillé très dur pour donner à manger à mon frère cadet et à moi. Elle avait deux boulots et des fois elle travaillait de six heures du matin jusqu'à tard la nuit.

Même si elle était toujours fatiguée, elle était tout le temps souriante et nous encourageait à travailler et à réussir dans la vie. Elle nous écoutait quand on avait des problèmes. Elle ne se fâchait jamais et nous grondait très rarement. C'était une femme au grand cœur, ouverte d'esprit et généreuse qui ne jugeait jamais les gens. Elle nous a enseigné le respect, l'humilité et l'intégrité. Elle nous a aussi inculqué la valeur du travail et de l'argent.

Maintenant qu'elle est morte, elle nous manque énormément. Mais elle a réussi son but: mon frère est un avocat connu et moi, je suis PDG dans une société d'assurance.

19. Gapped translation

A person who has always _____ me, is my mother. After the death of my father, she _____ very hard to feed _____ and myself. She had two jobs and _____ she used to _____ from six in the morning until _____ at night. Even though she was always _____ she was always _____ and encouraged us to work and _____. She used to listen to us when _____. She never _____ and rarely _____. She was a woman with _____, _____ and generous who never _____ people. She taught us respect, humility and _____. She has also taught us the value of _____ and _____. Now that she is _____, we _____ greatly. But she has succeeded in her goal: my brother is a _____ and I am a _____ in an insurance company.

20. Find in the text the French equivalent for the following

a. Who has always inspired me

b. After the death

c. She has worked very hard

d. To feed

e. She used to have two jobs

f. Until late at night

g. Even if

h. Smiling

i. To succeed in life

j. She listened to us

k. She never got angry

l. Told us off

m. A woman with a big heart

n. Open-minded

o. Who never judged

p. People

q. She taught us

r. Now

s. She is dead

t. We miss her

u. Greatly

v. She succeeded in her goal

w. A famous lawyer

x. CEO

21. Translate into French

a. *She fights for the protection of the environment*: E_____ s__ b_____ p_____ l_ p_____ d__
l'_____ .

b. *He works very hard*: I__ t_____ t____ d_____

c. *She isn't afraid of anything*: E____ n'__ p_____ d__ r_____

d. *A person I admire is my father*: U__ p_____ q__ j'a_____ , c'e_____ m__ p____

e. *He is someone who has succeeded in life*: I_ e___ q_____ 'u_ q__ a r_____ d_____ l__ v____

f. *He is very handsome, strong and famous*: I_ e____ t__ b___ , f____ e_ c_____

g. *She does a lot of voluntary work*: E___ f____ b_____ d__ b_____

h. *He fights against poverty*: I__ s__ b____ c_____ l__ p_____

i. *He is the best footballer in the world*: I__ e___ l__ m_____ j____ d__ f_____ a__ m_____

22. Translate into French

a. She fights for world peace:

b. She is the best singer in the world:

c. She works very hard:

d. He makes a lot of sacrifices:

e. He is not afraid of anything:

f. She is very intelligent:

g. She does a lot of charity work:

h. He is very strong and muscular:

i. She is very passionate about her work:

j. He is the best singer in the world:

k. I would like to be as rich and successful as him:

l. She has done a lot for women's rights:

m. He has had a big influence on me:

n. She tries to improve the lives of the most destitute:

23. Translate into French

The person I respect and admire the most in the world is my father. He works very hard for us, sometimes until very late at night. However, he is always there for us, ready to help. He is a very generous, open-minded, positive and intelligent man. He always listens and tries to understand my point of view. He never judges me. He respects my choices and opinions. He rarely gets angry. Every Sunday, he does voluntary work. He helps homeless people who need food. He is also very fit. He has taught me and my brother the importance of living a healthy life. My father is my hero!

THE LANGUAGE GYM

Key questions

Parle-moi d'une personne que tu admires.	Tell me about a person you admire.
Comment s'appelle-t-il/elle?	What is his/her name?
Quel âge a-t-il/elle?	How old is he/she?
Décris-le/la physiquement, s'il te plaît.	Describe him/her physically, please.
Décris son caractère, s'il te plaît.	Describe his/her personality, please.
Que fait-il/elle dans la vie?	What does he/she do for a living?
Pourquoi voudrais-tu être comme lui/elle?	Why would you like to be like him/her?
Comment le/la connais-tu?	How do you know him/her?
Pourquoi l'admires-tu?	Why do you admire him/her?
Quelle est sa meilleure qualité?	What is his/her best quality?
Qu'est-ce que tu n'aimes pas chez lui/elle?	What do you like about him/her?
Qu'est-ce qu'il/elle a achevé dans la vie?	What has he/she achieved in life?

ANSWERS – Unit 15

1. Match: une personne que je respecte beaucoup – a person I respect a lot
une personne que j'admire – a personne that I admire   une personne qui m'inspire – a person who inspires me
un jour je voudrais être comme lui/elle – one day I would like to be like him/her
il n'a peur de rien – he is not afraid of anything   il se bat pour la paix dans le monde – he fights for world peace
il est un grand chanteur – he is a great singer   il a réussi dans la vie – he has succeeded in life
tout le monde l'aime – everyone loves him   il se bat pour l'égalité des sexes – he fights for gender equality

2. Translate: a) a person I respect a lot is The Rock   b) one day I would like to be like him
c) it is someone who has succeeded in life d) he sacrifices a lot for his family e) he fights for an important cause
f) everyone respects him   g) he plays basketball very well   h) she dances very well   i) he is very trendy   j) she is very famous

3. Complete: a) branché   b) chanteur   c) danseur   d) beau   e) connu   f) danseuse   g) quelqu'un   h) monde   i) jour
j) bat   k) personne

4. Sentence puzzle: a) une personne que j'admire, c'est Usain Bolt   b) Ariana Grande est la meilleure chanteuse du monde
c) The Rock est très grand, fort et musclé   d) une personne qui m'inspire, c'est mon père
e) j'admire Greta Thunberg parce qu'elle se bat pour l'environnement
f) je voudrais être comme mon oncle Luc, car il a réussi dans la vie

5. Gapped translation: a) rich   b) famous   c) hard   d) succeeded   e) a lot   f) fights   g) sings   h) nothing
i) voluntary work   j) sense of humour

6. Complete: a) monde   b) meilleur   c) être/belle   d) chante   e) travaille   f) fait   g) comme/parle   h) bat   i) beau   j) peur

7. Break the flow: a) une personne que j'admire   b) il est fort et courageux   c) il n'a peur de rien   d) elle a réussi dans la vie
e) il est beau et riche   f) il fait beaucoup de sacrifices   g) elle chante très bien   h) il est l'homme le plus rapide du monde
i) une personne qui m'inspire   j) elle fait beaucoup de bénévolat

8. Match: branché – trendy   beau – good-looking   généreux – generous   courageux – brave   fort – strong   rigolo – funny
le meilleur – the best   passionné – passionate   travailleur – hard-working   riche – rich   connu – famous   élégant - elegant

9. Faulty translation: a) she is trendy   b) -   c) -   d) -   e) -   f) he is strong   g) -   h) he is famous   i) -

10. Spot and write the missing word: a) le meilleur   b) se bat   c) fait beaucoup   d) a bien   e) sa famille   f) de sacrifices
g) que j'admire   h) de rien   i) qui m'inspire

11. Complete with a suitable word. Make sure each sentence makes sense
----

12. Translate: a) elle se bat pour la paix dans le monde   b) elle est la meilleure chanteuse du monde c) elle travaille très dur
d) il fait beaucoup de sacrifices e) il n'a peur de rien f) elle est très intelligente g) elle fait beaucoup de bénévolat
h) il est très fort et musclé   i) elle est très passionnée par son travail

13. Find in the French: a) à mon avis   b) il fait beaucoup de bénévolat   c) elle essaie d'enseigner aux jeunes filles
d) de garder la forme   e) un grand chanteur   f) très travailleur   g) une personne qui m'inspire   h) elle se bat pour
i) les droits des femmes   j) elle écrit et chante   k) de très belles chansons   l) rigolote   m) une personne que j'admire
n) elle essaie de sensibiliser les gens   o) comme les personnes sans domicile fixe   p) elle travaille dur
q) fait beaucoup de sacrifices pour nous   r) elle est toujours là pour moi   s) elle me remonte le moral quand je suis triste

14. Find the French equivalent: a) une personne que j'admire énormément   b) connue c) au grand cœur
d) qui fait beaucoup de bénévolat   e) donner   f) les gens qui ont besoin d'aide   g) ambassadrice de bonne volonté
h) réfugiés   i) sensibiliser   j) conditions de vie   k) tout le monde devrait avoir le droit   l) de vivre une vie épanouie
m) elle tend la main aux plus démunis   n) faire une différence   o) de nombreuses personnes souffrent
p) nous avons besoin de plus de personnes comme   q) pour aider les gens   r) voilà pourquoi   s) que j'admire le plus
t) au monde

THE LANGUAGE GYM

161

15. Answer: a) famous actress with a big heart who does a lot of voluntary work
b) good-will ambassador whose mission is to sensitise people to the difficult life conditions in refugees camps
c) justice and equality for everyone and the right to live a fulfilling life safely   d) to make a difference in their lives
e) to help people regain confidence in themselves and to offer them a new start in life

16. Translate: a) a famous actress   b) with a big heart   c) to give people   d) who need help   e) life conditions
f) everyone should   g) safely   h) in the hope to   i) I think that   j) that's why   k) in the world

17. Find the French equivalent: a) (il) n'est pas seulement   b) pendant longtemps   c) une émission dédiée à la nature
d) un homme politique   e) qui se bat pour   f) dans le monde   g) la raison pour laquelle je l'admire
h) quelqu'un de passionné   i) qui a des principes   j) dans notre société de nos jours   k) avant la gloire et la notoriété
l) il nous faut   m) plus de gens comme lui   n) réchauffement climatique   o) un jour   p) je voudrais me battre pour
q) faire une différence   r) autour de moi

18. Complete the sentences: a) a tv presenter/dedicated/environment
b) politician/fights for the protection of the environment/world   c) has principles   d) ideals and love for nature/glory
e) save our planet from the danger of global warming
f) I go to school by bike every day and I recycle all rubbish at home/start

19. Gapped translation: inspired ; worked ; my brother ; sometimes ; work ; late ; tired ; smiling ;
become successful in life ; we had problems ; got angry ; told us off ; a big heart ; open-minded ; judged ; integrity ; work ;
money ; dead ; miss her ; famous lawyer ; CEO

20. Find in the French: a) qui m'a toujours inspiré   b) après la mort   c) elle a travaillé très dur   d) pour donner à manger
e) elle avait deux boulots   f) jusqu'à tard la nuit   g) même si   h) souriante   i) réussir dans la vie   j) elle nous écoutait
k) elle ne se fâchait jamais   l) nous grondait   m) une femme au grand cœur   n) ouverte d'esprit   o) qui ne jugeait jamais
p) les gens   q) elle nous a ensigné   r) maintenant   s) elle est morte   t) elle nous manque   u) énormément
v) elle a réussi son but   w) un grand avocat   x) PDG

21. Translate: a) elle se bat pour la protection de l'environnement   b) il travaille très dur c) elle n'a peur de rien
d) une personne que j'admire, c'est mon père   e) il est quelqu'un qui a réussi dans la vie f) il est très beau, fort et connu
g) elle fait beaucoup de bénévolat   h) il se bat contre la pauvreté   i) il est le meilleur joueur de foot au monde

22. Translate: a) elle se bat pour la paix dans le monde   b) elle est la meilleure chanteuse du monde c) elle travaille très dur
d) il fait beaucoup de sacrifices   e) il n'a peur de rien   f) elle est très intelligente   g) elle fait beaucoup de bénévolat
h) il est très fort et musclé   i) elle est très passionnée par son travail   j) il est le meilleur chanteur au monde
k) je voudrais être aussi riche et avoir autant de succès que lui   l) elle a fait beaucoup pour les droits des femmes
m) il a eu une grande influence sur moi   n) elle essaie d'améliorer la vie des plus démunis

23. Translate into French
La personne que je respecte et que j'admire le plus au monde, c'est mon père. Il travaille dur pour nous, parfois jusqu'à tard dans la nuit. Cependant, il est toujours là pour nous, prêt à aider. C'est un homme très généreux, ouvert d'esprit, positif et intelligent. Il écoute toujours et essaie de comprendre mon point de vue. Il ne me juge jamais. Il respecte mes choix et opinions. Il se fâche rarement. Tous les dimanches, il fait du bénévolat. Il aide les personnes sans domicile fixe qui ont besoin de nourriture. Il est aussi très en forme. Il m'a appris ainsi qu'à mon frère l'importance de vivre une vie saine. Mon père est mon héros!

Je m'appelle Mathieu et j'ai quatorze ans. J'habite à Bayonne dans le sud-ouest de la France. Je suis grand et assez musclé. Je suis aussi très marrant, sportif mais pas très intelligent. Quand j'étais petit, j'étais assez potelé et très timide. Dans ma famille, il y a quatre personnes: mon père, ma mère, ma sœur et moi. Mon père est assez grand, mais un peu gros. Il a les cheveux noirs, courts et raides. Il a les yeux verts. Il est travailleur et strict. Ma mère est de taille moyenne et elle est mince. Elle est blonde aux yeux marron. Elle est gentille et bavarde. Ma sœur est moche et très pénible! Pendant la semaine, je me lève tous les jours à six heures et quart, puis je me lave, je m'habille, je mange mon petit-déjeuner et je vais à l'école jusqu'à trois heures et demie. Ensuite, je rentre chez moi et je fais mes devoirs, je lis un livre et je mange vers huit heures moins le quart. Après je vais dans ma chambre et je joue à la guitare jusqu'à dix heures, puis je me couche. D'habitude le week-end, je joue au foot avec mes amis et je joue à la Playstation. Cependant, le week-end dernier, je suis allé voir mes grands-parents le samedi. Nous avons joué aux cartes et nous avons vu un film ensemble. Le dimanche matin, je suis allé au parc pour faire du vélo et le soir j'ai fait mes devoirs. Je me suis couché vers onze heures du soir.

1. Find the French equivalent for the following words

a. Fourteen	i. Kind	q. Then	y. Sunday
b. Together	j. Dressed	r. Normally	z. Around
c. Muscly	k. Half past	s. However	
d. Chubby	l. At mine	t. We played	
e. Me	m. Homework	u. Seen	
f. Short	n. Quarter to	v. I went	
g. Average size	o. After	w. Saturday	
h. During	p. Until	x. Evening	

2. Faulty translation. Highlight the 6 translation mistakes and write the correct answer below.

My name is Mathieu and I am fourteen years old. I live in Bayonne in the southwest of France. I am quite tall and a bit muscly. I am also very funny, sporty but not very clever. When I was little, I was quite chubby and very shy. In my family there are four people: my father, my mother, my sister and myself. My father is quite tall, but a bit fat. He has black, short and straight hair. He has green eyes. He is lazy and kind. My mother is of average height and she is thin. She is blond with brown eyes. She is kind and talkative. My sister is beautiful and very friendly! During the week, I get up every day at quarter past six, then I wash, I get dressed, I eat my breakfast and I go to school until half past three. Then, I go back to mine and I do my homework, I read a novel and I eat at quarter past eight. Afterwards, I go in my bedroom and I play the guitar until ten, then I go to bed. Normally at the weekend, I play football with my friends and I play on the Playstation. However, last weekend, I went to see my grandparents on Saturday. We played cards and we watched TV together. On Sunday morning, I went to the park to do some cycling and in the morning I did the household chores. I went to bed around eleven at night.

a._____

b._____

c._____

d._____

e._____

f._____

3. Find the following items in the text

a. A verb starting with 'R': *rentre*

b. A preposition starting with 'V':

c. A time word starting with 'A':

d. A conjunction starting with 'E':

e. A family member starting with 'S':

f. An adjective starting with 'T':

g. A verb starting with 'V':

4. Spot and correct the wrong statements

a. Mathieu habite dans le sud-ouest de la France

b. Il est très marrant

c. Il a deux sœurs

d. Son père est potelé

e. Le week-end il est allé voir ses grands-parents

f. Il s'est couché à onze heures

g. Il n'a pas fait ses devoirs

5. Categories [find items in the text and put them in the categories below]

Adjectives describing appearance	Adjectives describing personality	Adverbs of frequency (Time words)	Perfect tense	Present tense

6. Complete with the missing French words

a. Mathieu vit à _____

b. Bayonne est situé dans _____

c. De caractère, il est _____

d. Les cheveux de son père sont _____

e. Sa mère a les yeux _____

f. Sa mère est de _____

g. Il se lève à _____

h. D'habitude, le week-end il _____

i. Le week-end dernier il _____

j. Le dimanche il s'est couché vers _____

7. Arrange the information below in the same order as it is provided in the French text

_____ I play the guitar

__1__ I live in the South-West of France

_____ My mother is slim

_____ My sister is ugly

_____ My father has black hair

_____ I am also very funny

_____ I get up at 6.15am

_____ I go to bed at 11pm

_____ I get dressed

8. Answer the following questions in English

a. Où est Bayonne?

b. Comment est son père?

c. Comment est sa sœur?

d. Quelle est sa routine matinale pendant la semaine?

e. Qu'est-ce qu'il fait avant de dîner?

f. A quelle heure mange-t-il le soir?

g. Qu'est-ce qu'il fait avant d'aller se coucher?

h. Qu'est-ce qu'il fait normalement le week-end?

i. Qu'est-ce qu'il a fait samedi dernier?

j. Où a-t-il fait du vélo?

k. Qu'est-ce qu'il a fait dimanche soir?

l. A quelle heure s'est-il couché?

9. Find the French equivalent for the following phrases

a. A bit fat

b. I read a book

c. There are

d. Until six o'clock

e. I went to the park

f. I went to see my grandparents

g. We played cards

h. Around 7.45

i. At mine

j. Last weekend

k. During the week

l. When I was little

m. Every day

n. I go to bed

o. Quite muscly

p. I did my homework

q. We have seen a movie

r. I went to bed

10. Cross out any word listed below which is not in the French text

a. brown

b. grey

c. funny

d. fat

e. boring

f. amusing

g. kind

h. homework

11. Definition game – find in the text a word for each of the definitions below

a. Contraire de 'petit'

b. Un sport

c. Un instrument de musique

d. La fille de mon père

e. Contraire de 'mince'

f. Un numéro plus grand que dix

g. Une couleur de cheveux

h. Les parents de mes parents

i. Le jour avant dimanche

12. Correct the grammar and spelling mistakes – The following sentences have been copied wrongly from the text. Can you correct them?

a. Je me leve a six heure

b. Mon frere a les verts yeux

c. Je lit un livres

d. J'ai allée

e. Je suis fais mes devoir

f. Dans mon famille il ya quatres presonne

g. Pandant le semaine

13. Answer the questions in French using THIRD person (il). Write full sentences

a. Où est-ce que Mathieu vit exactement?

b. Comment décrit-il sa mère?

c. Qu'est-ce qu'il fait avant d'aller à l'école?

d. Qu'est-ce qu'il fait normalement le week-end?

e. Qu'est-ce qu'il a fait le week-end dernier?

f. À quelle heure s'est-il couché dimanche?

g. Qu'est-ce qu'il a fait avec ses grands-parents?

h. Que fait-il jusqu'à dix heures pendant la semaine?

i. Quand est-il allé au parc?

1. Find the French equivalent: a) quatorze b) ensemble c) musclé d) potelé e) moi f) petit g) taille moyenne h) pendant i) gentille j) habille k) et demie l) chez moi m) devoirs n) moins le quart o) après p) jusqu'à q) puis r) d'habitude s) cependant t) nous avons joué u) vu v) je suis allé w) samedi x) soir y) dimanche z) vers

2. Faulty translation: a) I am quite tall and a bit muscly/I am tall and quite muscly
b) he is lazy and kind/he is hardworking and strict c) my sister is beautiful and very friendly/my sister is ugly and very annoying d) I read a novel and I eat at quarter past eight/I read a book and I eat around quarter to eight
e) we played cards and we watch TV/ we played cards and we have seen a movie
f) in the morning I did the household chores/in the evening I did my homework

3. Find the following items: a) rentre b) vers c) après d) et e) sœur f) timide g) voir

4. Spot and correct the wrong statements: a) - b) - c) il a une sœur d) son père est un peu gros e) - f) il s'est couché vers onze heures g) il a fait ses devoirs

5. Categories: <u>adjectives describing appearance</u>: grand ; musclé ; petit ; potelé ; gros ; noirs ; courts ; raides ; verts ; taille moyenne ; mince ; blonde ; marron ; moche
<u>adjectives describing personality</u>: marrant ; sportif ; intelligent ; timide ; travailleur ; strict ; gentille ; bavarde ; pénible
<u>adverbs of frequency (time words)</u>: quand ; pendant ; tous les jours ; puis ; ensuite ; après ; d'habitude ; week-end ; samedi ; dimanche ; le soir
<u>perfect tense</u>: je suis allé, nous avons joué, nous avons vu, j'ai fait, je me suis couché
<u>present tense</u>: je m'appelle, je suis, il y a, il a, elle est, elle est, je me lève, je me lave, je m'habille, je mange, je vais, je rentre, je fais, je lis, je joue, je me couche,

6. Complete with the missing word: a) Bayonne b) le sud-ouest de la France
c) très marrant, sportif mais pas très intelligent d) noirs, courts et raides e) marron f) taille moyenne g) 6.15
h) joue au foot ou à la Playstation i) est allé voir ses grands-parents j) onze heures

7. Arrange the information: 8 ; 1 ; 4 ; 5 ; 3 ; 2 ; 6 ; 9 ; 7

8. Answer the following questions: a) in the southeast of France b) quite tall, a bit fat, black, short, straight hair
c) ugly and annoying d) gets up at 6.15, gets washed, gets dressed, eats breakfast e) does his homework and reads a book f) around 7.45 g) plays guitar h) plays football with friends and plays on the Playstation
i) went to see his grandparents j) in the park k) his homework l) around 11

9. Find the French equivalent: a) un peu gros b) je lis un livre c) il y a d) jusqu'à six heures
e) je suis allé au parc f) je suis allé voir mes grands-parents g) nous avons joué aux cartes
h) vers huit heures moins le quart i) chez moi j) le week-end dernier k) pendant la semaine
l) quand j'étais petit m) tous les jours n) je me couche o) assez musclé p) j'ai fait mes devoirs
q) nous avons vu un film r) je me suis couché

10. Cross out: a) - b) ~~grey~~ c) - d) - e) ~~boring~~ f) ~~amusing~~ g) - h) -

11. Definition game: a) grand b) football c) guitare d) ma sœur e) gros f) onze g) noir, blond
h) mes grands-parents i) samedi

12. Correct the mistakes: a) je me lève à six heures b) mon frère a les yeux verts c) je lis un livre
d) je suis allé e) j'ai fait mes devoirs f) dans ma famille il y a quatre personnes g) pendant la semaine

13. Answer the questions: a) Il vit à Bayonne dans le sud-ouest de la France.
b) Elle est de taille moyenne et très mince. Elle est blonde aux yeux marron.
c) Il se lève à six heures et quart, il se lave, il s'habille, et il mange son petit-déjeuner.
d) Normalement, il joue au foot avec ses amis et il joue à la Playstation.
e) Le week-end dernier, il est allé voir ses grands-parents.
f) Dimanche, il s'est couché à onze heures. g) Ils ont joué aux cartes et ils ont vu un film.
h) Pendant la semaine, il joue à la guitare jusqu'à dix heures/Pendant la semaine, jusqu'à dix heures, il joue à la guitare. i) Il est allé au parc le dimanche matin.

Bonjour! Je m'appelle Martine, j'ai seize ans et je suis de Lyon dans le sud-est de la France. Physiquement, j'ai les cheveux châtains, mi-longs et ondulés. J'ai les yeux noisette. Je suis assez petite et un peu grassouillette. De caractère, je suis très agréable et rigolote mais des fois, surtout quand je suis fatiguée, je peux être un peu capricieuse. Quand j'étais plus jeune, j'étais gourmande et très peu sportive. J'étais beaucoup plus grosse que maintenant. Dans ma famille nous sommes quatre. Ma mère, mon beau-père et mon demi-frère. Ma mère est assez sévère, mais c'est quelqu'un de juste. Mon beau-père est calme et attentionné, mais parfois il peut être un peu perdu dans ses pensées. Mon demi-frère est un adolescent comme les autres: grognon, têtu et stupide! Pendant la semaine, j'ai une routine bien réglée. Je me réveille chaque jour à six heures pile, mais je me lève seulement à six heures vingt. Je me douche, je m'habille et je prends mon petit-déjeuner en regardant la télé avec ma mère. Je sors de la maison vers sept heures et demie mais avant de partir, je me brosse les dents. Je vais à l'école à vélo et je rentre chez moi assez tard vers cinq heures trente. Normalement, quand je suis chez moi, je tchatte avec mes amis sur Instagram et ensuite je mange vers sept heures quarante cinq. Après ça, je monte dans ma chambre et je me détends en écoutant de la musique. D'habitude, je passe le week-end avec ma famille, mais le week-end dernier je n'ai rien fait et je suis restée toute seule.

1. Find the French equivalent for the following words

a. Sixteen	h. Can be	o. Strict	v. Go out
b. From	i. Whimsical	p. Caring	w. To leave
c. Light brown	j. Younger	q. Lost	x. Relax
d. Hazel	k. Greedy	r. Teenager	y. Stayed
e. Chubby	l. Now	s. Grumpy	z. Alone
f. Sometimes	m. Stepfather	t. Only	
g. Tired	n. Someone	u. While watching	

2. Faulty translation. Highlight the 6 translation mistakes and write the correct answer below.

Hello! My name is Martine, I am sixteen years old and I am from Lyon in the southeast of France. Physically, I have light brown, mid-length and wavy hair. I have brown eyes. I am quite small and a bit chubby. Personality-wise, I am very pleasant and funny but sometimes, especially when I am angry, I can be a bit whimsical. When I was younger, I was greedy and not very sporty. I was much fatter than now. In my family we are three. My mother, my stepfather and my stepbrother. My mother is quite strict, but she is someone fair. My stepfather is calm and caring, but sometimes he can be a bit lost in his thoughts. My stepbrother is not an adolescent like everyone else: grumpy, stubborn and stupid!
During the week, I have a very badly organised routine. I wake up every day at six on the dot, but I only get up at six twenty. I shower, I get dressed and I have my breakfast whilst watching TV with my mother. I leave the house around half seven but before leaving, I brush my teeth. I go to school by bike and I return home quite late around half past five. Normally, when I am at mine, I chat with my friends on Instagram and then I eat around seven forty-five. After that, I go up to my room and I relax whilst listening to music. I usually spend the weekend with my family, but last weekend I didn't do anything and I didn't stay all alone.

a._____   d._____

b._____   e._____

c._____   f._____

3. Find the following items in the text

a. A verb starting with 'Ê':

b. A preposition starting with 'A':

c. A time word starting with 'E':

d. A conjunction starting with 'M':

e. A family member starting with 'D':

f. An adjective starting with 'G':

g. A verb starting with 'R':

4. Spot and correct the wrong statements

a. Martine habite dans le sud-ouest de la France

b. Elle est assez grande

c. Elle a un beau-père, une mère et un frère

d. Son demi-frère est un adolescent pas comme les autres

e. Elle se lève à six heures vingt

f. Elle va à l'école à pied

g. Le week-end dernier, elle n'a rien fait

5. Categories [find items in the text and put them in the categories below]

Adjectives describing appearance	Adjectives describing personality	Adverbs of frequency (Time words)	Reflexive verbs	Connectives (e.g. but, and, the, also, however)

6. Complete with the missing French words

a. Martine vit à _____

b. Lyon est situé dans _____

c. De caractère, elle est _____

d. Son beau-père peut être _____

e. Sa mère est _____

f. Sa mère est quelqu'un de _____

g. Elle se lève à _____

h. Je passe le week-end avec _____

i. Le week-end dernier elle _____

j. Elle est restée _____

7. Arrange the information below in the same order as it is provided in the French text

_____ I leave the house around 7am

__1__ I live in the Southeast of France

_____ I go back home quite late

_____ I didn't do anything

_____ My step father is calm and caring

_____ I chat with my friends

_____ I was greedy

_____ I can be whimsical

_____ My step brother is a teenager like everyone else

8. Answer the following questions in English

a. Où est Lyon?

b. Comment est son beau-père?

c. Comment est son demi-frère?

d. Quelle est sa routine matinale pendant la semaine?

e. Qu'est-ce qu'elle fait avant de dîner?

f. A quelle heure mange-t-elle le soir?

g. Qu'est-ce qu'elle fait après le dîner?

h. Qu'est-ce qu'elle fait normalement le week-end?

i. Qu'est-ce qu'elle a fait le week-end dernier?

j. Où écoute-t-elle de la musique?

k. Qu'est-ce qu'elle fait avant de sortir de la maison?

l. Comment peut-elle être, quand elle est fatiguée?

9. Find the French equivalent for the following phrases

a. Hazel eyes

b. Physically I have

c. Especially when

d. I can be

e. When I was younger

f. I was much bigger

g. Lost in his thoughts

h. Well organised

i. Before leaving

j. I only get up

k. It is someone just

l. I go back to mine quite late

m. I go (up) to my room

n. While listening to music

o. I didn't do anything

p. Each day

q. It's in family

r. I stayed alone

10. Cross out any word listed below which is not in the French text

a. blond

b. chubby

c. angry

d. affectionate

e. grumpy

f. chat

g. dine

h. alone

i. penguin

11. Definition game – find in the text a word for each of the definitions below

a. Contraire de 'mince'

b. Un passe-temps

c. Un réseau social

d. Le fils de mon beau-père

e. Contraire de 'vieux'

f. Un numéro plus grand que quinze

g. Une couleur de cheveux

h. Le nouveau mari de ma mère

i. Le repas avant le déjeuner

12. Correct the grammar and spelling mistakes – The following sentences have been copied wrongly from the text. Can you correct them?

a. je suis seize ans

b. je suis assez petit et grassouillette

c. j' étais bocoup plus gross

d. j'ai rien fait

e. en regardent la tele

f. mon bo père est calm et attentionné

g. je vais a l'ecole a velo

13. Answer the questions in French using THIRD person (elle). Write full sentences

a. Où est-ce que Martine vit exactement?

b. Comment décrit-elle son beau-père?

c. Qu'est-ce qu'elle fait avant d'aller à l'école?

d. Qu'est-ce qu'elle fait normalement le week-end?

e. Qu'est-ce qu'elle a fait le week-end dernier?

f. À quelle heure se lève-t-elle pendant la semaine?

g. Qu'est-ce qu'elle fait normalement avant de dîner?

h. Est-ce que son demi-frère est différent des autres adolescents?

i. Comment était-elle quand elle était plus jeune?

1. Find the French equivalent: a) seize b) de c) châtains d) noisette e) grassouillette f) des fois/parfois
g) fatiguée h) peut-être i) capricieuse j) plus jeune k) gourmande l) maintenant m) beau-père n) quelqu'un
o) sévère p) attentionné q) perdu r) adolescent s) grognon t) seulement u) en regardant v) sors w) partir
x) détends y) restée z) seule

2. Faulty translation: a) I have brown eyes/I have hazel eyes   b) when I am angry/when I am tired
c) my stepbrother is not a teenager like everyone else/my stepbrother is a teenager like everyone else
d) I have a very badly organised routine/I have a very well organised routine
e) I didn't stay all alone/I stayed all alone   f) in my family we are three/in my family we are four

3. Find the following items: a) être b) après c) ensuite d) mais e) demi-frère f) grognon h) réveille

4. Spot and correct the wrong statements: a) Martine habite dans le sud-est de la France b) elle est assez petite
c) elle a un beau-père, une mère et un demi-frère d) son demi-frère est un adolescent comme les autres e) -
f) elle va à l'école à vélo g) -

5. Categories: <u>adjectives describing appearance</u>: châtains ; mi-longs ; ondulés ; noisette ; petite ; grassouillette ;
grosse. <u>adjectives describing personality</u>: agrèable ; rigolote ; fatiguée ; capricieuse ; gourmande ; sportive ;
sévère ; juste ; calme ; attentionné ; grognon ; têtu ; stupide
<u>adverbs of frequency (time words)</u>: des fois ; surtout ; quand ; parfois ; pendant ; seulement ; avant ;
normalement ; ensuite ; vers ; après
<u>reflexive verbs</u>: je me réveille, je me lève, je me douche, je m'habille, je me brosse, je me détends
<u>connectives</u>: et ; mais ; ensuite ; après ; ensuite

6. Complete with the missing word: a) Lyon b) sud-est de la France
c) agréable, rigolote mais peut être capricieuse d) un peu perdu dans ses pensées e) assez sévère f) juste
g) six heures vingt h) ma famille i) n'a rien fait j) toute seule

7. Arrange the information: 6 ; 1 ; 7 ; 9 ; 4 ; 8 ; 3 ; 2 ; 5

8. Answer the following questions: a) in the southeast of France
b) calm, caring but can be lost in his thoughts c) grumpy, stubborn, stupid
d) wakes up at 6, gets up at 6.20, gets showered, gets dressed, has breakfast, brushes his teeth, leaves the house
e) chat with her friends on Instagram f) around 7.45 g) she relaxes while listening to music
h) she spends it in family i) nothing j) in her bedroom k) she brushes her teeth l) whimsical

9. Find the French equivalent: a) les yeux noisette b) physiquement j'ai c) surtout quand d) je peux être
e) quand j'étais plus jeune f) j'étais beaucoup plus grosse g) perdu dans ses pensées h) bien réglée
i) avant de partir j) je me lève seulement k) c'est quelqu'un de juste l) je rentre chez moi assez tard
m) je monte dans ma chambre n) en écoutant de la musique o) je n'ai rien fait p) chaque jour q) en famille
r) je suis restée toute seule

10. Cross out: a) ~~blond~~ b) chubby c) ~~angry~~ d) ~~affectionate~~ e) grumpy f) chat g) ~~dine~~ h) alone i) ~~penguin~~

11. Definition game: a) grosse b) tchatte avec mes amis/écoute de la musique/regarde la télé c) Instagram
d) demi-frère e) jeune f) seize g) châtains h) beau-père i) petit-déjeuner

12. Correct the mistakes: a) j'ai seize ans b) je suis assez petite et grassouillette c) j'étais beaucoup plus grosse
d) je n'ai rien fait e) en regardant la télé f) mon beau-père est calme et attentionné g) je vais à l'école à vélo

13. Answer the questions:
a) Elle vit à Lyon dans le sud-est de la France.
b) Il est calme, attentionné mais il peut être un peu perdu dans ses pensées.
c) Elle se réveille à six heures, puis elle se lève à six heures vingt. Elle se douche, elle s'habille et elle prend son
petit-déjeuner en regardant la télé avec sa mère. Avant de sortir, elle se brosse les dents.
d) Normalement elle passe le week-end en famille. e) Elle n'a rien fait, elle est restée toute seule.
f) Pendant la semaine, elle se lève à six heures vingt. g) Elle tchatte avec ses amis sur Instagram.
h) Non, il est comme les autres adolescents.
i) Elle était gourmande et très peu sportive. Elle était aussi beaucoup plus grosse.

Dans ma famille, il y a trois personnes et en règle générale nous nous entendons assez bien. Je suis fils unique. Avec mon père, je m'entends très bien car il est super sympa et ouvert d'esprit. On fait beaucoup de choses ensemble, comme par exemple, jouer au basket tous les samedis. Avec ma mère, c'est un peu plus compliqué parce qu'elle a un caractère assez sévère et elle me gronde assez facilement, surtout quand je ne fais pas mes devoirs. Des fois, elle me punit et m'empêche de sortir voir mes amis. Quand j'étais petit, elle était moins sévère et beaucoup plus calme; mais maintenant elle est très stressée à cause de mes résultats scolaires. Avec mes amis, je m'entends plutôt bien, mais des fois mon ami Manu peut être assez casse-pieds. Il est souvent impatient et il veut toujours avoir raison. Par contre, mon amie Alizée est très sympa, attentionnée, charmante, rigolote et jolie donc on s'entend vraiment bien. À l'école, c'est une autre histoire. Je ne suis pas bon élève donc je m'entends très mal avec mes professeurs, particulièrement mon prof de maths. Il est arrogant, borné, égocentrique et il me critique toujours. Ma prof de dessin aussi. Elle est colérique, lunatique et elle ne m'écoute ni ne m'aide jamais quand j'en ai besoin. La plupart de mes profs me grondent souvent et se fâchent pour un rien. Par contre mon prof de sport est cool. Il fait tout pour essayer de me comprendre et il me soutient tout le temps.

1. Find the French equivalent for the following words

a. In	h. Character	o. Stressed	v. History
b. Get on	i. Easily	p. Results	w. Student
c. Son	j. Especially	q. Because of	x. Self-centered
d. With	k. Punish	r. Often	y. Need
e. Things	l. Stops me	s. Reason	z. Stubborn
f. Every	m. Less	t. Charming	
g. Complicated	n. More	u. Truly	

2. Faulty translation. Highlight the 6 translation mistakes and write the correct answer below.

In my family, there are three people and as a general rule, we don't get on well with each other. I am an only child. With my father, I get on very well because he is very nice and open-minded. We don't do many things together, for example, play basketball every Saturday. With my mother, it's a bit more complicated, because she has a quite strict personality and she tells me off quite easily, especially when I do my homework. Sometimes, she punishes me and stops me from seeing my friends. When I was little, she was less strict and much calmer; but now she is stressed due to my school results. With my friends, I get on rather well, but sometimes my friend Manu can be annoying. He is often patient and he rarely wants to be right. On the other hand, my friend Alizée is very nice, caring, charming, funny and pretty so we get on really well. At school, it's a different story. I am a good student, so I get on very well with my teachers, particularly my maths teacher. He is arrogant, stubborn, self-centered and he criticises me all the time. My art teacher too. She is temperamental, lunatic and she never listens neither helps me when I need it. Most of my teachers tell me off often and get angry for the slightest thing. On the other hand my PE teacher is cool. He does nothing to try to understand me and he supports me all the time.

a._____   d._____

b._____   e._____

c._____   f._____

3. Find the following items in the text

a. A verb starting with 'P':

b. A preposition starting with 'A':

c. A time word starting with 'M':

d. A conjunction starting with 'D':

e. A member of school starting with 'P':

f. An adjective starting with 'É':

g. A verb starting with 'C':

4. Spot and correct the wrong statements

a. Il y a quatre personnes dans ma famille

b. Je suis fils unique

c. Avec ma mère c'est un peu moins compliqué

d. Mon amie Alizée est très sympa

e. Je m'entends assez mal avec mes professeurs

f. Particulièrement mon prof de dessin

g. Mon prof de sport est cool

5. Categories [find items in the text and put them in the categories below]

Adjectives describing appearance	Adjectives describing character	Adverbs of frequency (Time words)	Hobbies	Connectives (e.g. but, and, the, also, however)

6. Complete with the missing French words

a. Il y a trois _____

b. Je suis fils _____

c. On fait beaucoup de choses _____

d. Avec ma mère, c'est un peu plus _____

e. Elle me gronde assez _____

f. À cause de mes résultats _____

g. Il veut toujours avoir _____

h. Je m'entends très mal avec mes _____

i. Il me critique _____

j. Se fâchent pour un _____

7. Arrange the information below in the same order as it is provided in the French text

____ she tells me off quite easily

__1_ I am an only son

____ he is often impatient and always wants to be right

____ it's a bit more complicated

____ she doesn't listen to me

____ especially when I don't do my homework

____ we get on very well

____ due to my school results

____ we do a lot of things together

8. Answer the following questions in English

a. Combien de personnes y a-t-il dans sa famille?

b. Comment est son père?

c. Comment est sa mère?

d. Pourquoi sa mère est-elle stréssée?

e. Comment s'entend-il avec ses amis?

f. Comment est Manu?

g. Comment est Alizée?

h. Est-il un bon élève à l'école?

i. Comment est son prof de maths?

j. Et sa prof de dessin?

k. Y a-t-il un professeur qu'il apprécie?

l. Comment est son prof de sport?

9. Find the French equivalent for the following phrases

a. As a general rule

b. I am an only son

c. I get on very well

d. To play basketball every Saturday

e. A bit more complicated

f. Especially when

g. She punishes me

h. Stops me from going out

i. When I was little

j. She was less

k. Now she is very stressed

l. I get on rather well

m. He is often impatient

n. He always wants to be right

o. It's another story

p. I am not a good student

q. He always criticises me

r. He supports me all the time

10. Cross out any word listed below which is not in the French text

a. rule

b. easy

c. stressed

d. complicated

e. annoying

f. teacher

g. badly

h. stubborn

11. Definition game – find in the text a word for each of the definitions below

a. Contraire de 'difficilement'

b. Un sport d'équipe populaire

c. 'Je suis petit' au passé

d. Le contraire de 'négligent'

e. Le contraire de 'moins'

f. 'Elle me punissait' au présent

g. Un adjectif pour décrire quelqu'un de marrant

h. Le contraire de 'jamais'

i. Un synonyme de 'branché'

12. Correct the grammar and spelling mistakes – The following sentences have been copied wrongly from the text. Can you correct them?

a. En regle general

b. Comme par example

c. Elle etait moin severe

d. Mais desfois ma ami

e. Toujours aurevoir raison

f. S'est une autre history

g. Je n'ai suis pas bon eleve

13. Answer the questions in French using THIRD person. Write full sentences

a. Comment s'entend-il avec sa famille?

b. Comment décrit-il son père?

c. Comment était sa mère quand il était petit?

d. Avec qui s'entend-il le mieux? Manu ou Alizée?

e. Est-il un élève modèle?

f. Que pense-t-il de son prof de maths?

g. Comment décrit-il sa prof de dessin?

h. Pourquoi aime-t-il son prof de sport?

i. Pour quelle raison sa mère le gronde-t-il?

1. Find the French equivalent: a) dans   b) entendons   c) fils   d) avec   e) choses   f) tout   g) compliqué
h) caractère   i) facilement   j) surtout   k) punit   l) m'empêche   m) moins   n) plus   o) stressé   p) résultats
q) dû   r) souvent   s) raison   t) charmante   u) vraiment   v) histoire   w) élève   x) égocentrique   y) besoin   z) borné

2. Faulty translation: a) we don't get on well with each other/we get on quite well with each other
b) we don't do many things together/we do a lot of things together
c) especially when I do my homework/especially when I don't do my homework
d) he is often patient and he rarely wants to be right/he is often impatient and he always wants to be right
e) I am a good student so I get on very well with my teachers/I am not a good student so I get on very badly with
my teachers   f) he does nothing to try to understand me/he does everything to try to understand me

3. Find the following items: a) punit   b) avec   c) maintenant   d) donc   e) professeur   f) égocentrique
g) critiquer/comprendre

4. Spot and correct the wrong statements: a) trois personnes   b) -   c) plus compliqué   d) -   e) très mal
f) de maths   g) -

5. Categories: <u>adjectives describing appearance</u>: petit ; jolie
<u>adjectives describing personality</u>: sympa ; ouvert d'esprit ; sévère ; calme ; stressé ; impatient ; attentionnée ;
charmante ; rigolote ; arrogant ; borné ; égocentrique ; colérique ; lunatique ; cool
<u>adverbs of frequency (time words)</u>: des fois ; maintenant
<u>hobbies</u>: basketball
<u>connectives</u>: et ; car ; par exemple ; parce qu' ; mais ; donc ; par contre

6. Complete with the missing word: a) personnes   b) unique   c) ensemble   d) compliqué   e) souvent   f) scolaires
g) raison   h) professeurs   i) toujours   j) rien

7. Arrange the information: 4 ; 1 ; 7 ; 3 ; 9 ; 5 ; 8 ; 6 ; 2

8. Answer the following questions: a) three people   b) very nice and open-minded
c) quite strict and stressed   d) because of his school results   e) rather well
f) he can be annoying, impatient and he always wants to be right   g) nice, caring, charming, funny and pretty
h) no   i) arrogant, stubborn, self-centered   j) hot-tempered and lunatic   k) yes, his PE teacher   l) he is cool

9. Find the French equivalent: a) en règle générale   b) je suis fils unique   c) je m'entends très bien
d) jouer au basket tous les samedis   e) un peu plus compliqué   f) surtout quand   g) elle me punit
h) m'empêche de sortir   i) quand j'étais petit   j) elle était moins   k) maintenant elle est très stréssée
l) je m'entends plutôt bien   m) il est souvent impatient   n) il veut toujours avoir raison   o) c'est une autre histoire
p) je ne suis pas bon élève   q) il me critique toujours   r) il me soutient tout le temps

10. Cross out: a) -   b) ~~easy~~   c) -   d) -   e) -   f) -   g) ~~badly~~   h) -

11. Definition game: a) facilement   b) basket   c) j'étais petit   d) attentionée   e) plus   f) elle me punit
g) rigolo   h) toujours   i) cool

12. Correct the mistakes: a) en régle générale   b) comme par exemple   c) elle était moins sévère
d) mais des fois mon ami   e) toujours avoir raison   f) c'est une autre histoire   g) je ne suis pas bon élève

13. Answer the questions: a) Il s'entend assez bien.   b) Il le décrit comme super sympa et ouvert d'esprit.
c) Elle était moins sévère et beaucoup plus calme.   d) Il s'entend mieux avec Alizée.
e) Non, il n'est pas un élève modèle.   f) Il pense qu'il est arrogant, borné et égocentrique.
g) Il la décrit comme quelqu'un de colérique, lunatique qui n'écoute ni n'aide jamais.
h) Il aime son prof de sport car il est cool, il fait tout pour essayer de le comprendre et il le soutient tout le temps.
i) Elle le gronde car il ne fait pas ses devoirs.

Pour moi une bonne amie, c'est quelqu'un d'attentionné qui ne te laisse jamais tomber. Elle est toujours là pour toi, même dans les pires moments. À mon avis la qualité la plus importante d'une meilleure amie, c'est sa fidélité et sa générosité. Elle aime aller au cinéma et manger au restaurant avec toi. Elle ne te juge pas et respecte tes choix et tes opinions. Quand tu as de bonnes nouvelles, elle se réjouit de ton bonheur et de ta réussite. En ce qui me concerne, mon partenaire idéal, c'est quelqu'un de grand, beau, affectueux, romantique, et assez mature. Il a les mêmes goûts que moi, et il essaie de me faire plaisir tout le temps. Il me soutient quoi que je fasse. Nous ne nous disputons jamais et nous nous amusons beaucoup ensemble. Il faut qu'il me traite de façon respectueuse et qu'il me remonte le moral quand je suis triste. Je pense que les gens se séparent ou divorcent parce qu'il n'y a plus d'amour entre eux et qu'ils se disputent trop souvent. Parfois aussi, il n'y a plus d'attirance physique dans le couple et les personnes ne partagent plus les mêmes buts dans la vie. J'ai une amie qui a rompu avec son petit copain à cause de leurs différence d'âge et de leurs différences culturelles trop importantes. À mon avis les gens se marient trop jeunes, sans avoir essayé de vivre ensemble et trop souvent pour les mauvaises raisons. C'est pour cela que ça ne marche pas.

1. Find the French equivalent for the following words

a. For	h. Choices	o. Same	v. Between
b. Fall	i. When	p. Tries	w. Often
c. Even	j. Rejoices	q. Supports	x. Share
d. Worse	k. Happiness	r. Argue	y. Broke up
e. Best	l. Success	s. Together	z. Works
f. Loyalty	m. Someone	t. Treats	
g. Judges	n. Quite	u. Sad	

2. Faulty translation. Highlight the 6 translation mistakes and write the correct answer below.

For me a good friend is someone caring who rarely lets you down. She is always there for you, even in your worst moments. In my opinion the most important quality of a best friend is its kindness and integrity. She likes to go to the cinema and eat at the restaurant with you. She never judges you and respects your choices and opinions. When you have good news, she rejoices for your happiness and your success. As far as my ideal partner is concerned, it is someone tall, good-looking, generous, athletic, and quite immature. He has the same tastes as I, and he tries to please me all the time. He supports me in whatever I do. We sometimes argue and we have some nice times together. He must treat me in a respectful manner and he cheers me up when I am sad. I think that people separate or divorce because there is too much love between them and they don't argue enough. Sometimes there is no more physical attraction in the couple and people do not share the same goals in life anymore. I have a friend who broke up with her boyfriend because of their age difference and their too important cultural differences. In my opinion people get married too young, without having tried to live together and for the wrong reasons. It's for this reason that it works.

a._____   d._____

b._____   e._____

c._____   f._____

3. Find the following items in the text

a. A verb starting with 'T':

b. A preposition starting with 'P':

c. A time word starting with 'P':

d. A conjunction starting with 'E':

e. An adjective starting with 'R':

f. An adjective starting with 'F':

g. A verb starting with 'P':

4. Spot and correct the wrong statements

a. Elle est jamais là pour toi

b. La qualité la moins importante

c. Quand tu as de bonnes nouvelles

d. Il me remonte le moral quand je suis triste

e. Parce qu'il y a trop d'amour entre eux

f. De leurs differences culturelles trop importantes

g. À mon avis les gens se marient trop vieux

5. Categories [find items in the text and put them in the categories below]

Adjectives describing appearance	Adjectives describing personality	Adverbs of frequency (Time words)	Hobbies	Connectives (e.g. but, and, the, also, however)

6. Complete with the missing French words

a. C'est quelqu'un d' _____
b. Elle est toujours là pour _____
c. Elle se réjouit de ton _____
d. En ce qui me concerne mon partenaire _____
e. Nous nous amusons beaucoup _____
f. Je pense que les gens se _____
g. Ils se disputent trop _____
h. Il n'y a plus d'attirance physique dans le ____
i. J'ai une amie qui a _____
j. Pour les mauvaises _____

7. Arrange the information below in the same order as it is provided in the French text

_____ c'est sa fidélité et sa générosité
__1_ qui ne te laisse jamais tomber
_____ nous ne nous disputons jamais
_____ c'est pour cela que ça ne marche pas
_____ elle se réjouit de ton bonheur
_____ il me remonte le moral quand je suis triste
_____ il essaie de me faire plaisir
_____ il n'y a plus d'attraction dans le couple
_____ c'est quelqu'un d'affectueux

8. Answer the following questions in English

a. Selon elle, qu'est-ce qu'une bonne amie?

b. Quelles sont les qualités les plus importantes?

c. Que fait-elle quand tu as de bonnes nouvelles?

d. Comment est son partenaire idéal?

e. Comment doit-il la traiter?

f. Que doit-il faire quand elle est triste?

g. Pourquoi pense-t-elle que les gens se séparent?

h. Qu'est-ce qu'il peut arriver parfois dans le couple?

i. Pourquoi son amie a-t-elle rompu avec son copain?

j. À son avis est-ce que les gens se marient trop tôt?

k. Pourquoi pense-t-elle que ça ne marche pas?

l. Selon elle, est-il important d'avoir les mêmes goûts?

9. Find the French equivalent for the following phrases

a. For me

b. Never lets you down

c. She is always there for you

d. In the worst moments

e. The most important quality

f. She doesn't judge you

g. When you have good news

h. She rejoices for your happiness

i. He has the same tastes as me

j. Whatever I do

k. We never argue

l. He cheers me up

m. I think that

n. No more love between them

o. No more attraction

p. I have a friend who broke up

q. People get married too young

r. It doesn't work

10. Cross out any word listed below which is not in the French text

a. always

b. opinion

c. bad

d. unfriendly

e. argue

f. old

g. decision

h. reasons

11. Definition game – find in the text a word for each of the definitions below

a. Contraire de 'vieux'

b. Séparation par la loi

c. 'Il faut' au conditionnel

d. Le contraire de 'toujours'

e. Le contraire de 'malheur'

f. Le contraire de 'ils ne se disputent pas assez'

g. Un adjectif pour décrire quelqu'un de charitable

h. Le contraire d''immature'

i. Un synonyme de 'loyal'

12. Correct the grammar and spelling mistakes – The following sentences have been copied wrongly from the text. Can you correct them?

a. Qui ne te laisse jamais tombé

b. C'est sa fidelite et sa generosite

c. Quelqun d'affectuous

d. Il me remonte la morale

e. J'ai une amie qui a rompue

f. A mon avis les gens se marrient

g. Ca ne marche pas

13. Answer the questions in French. Write full sentences

a. Dans les pires moments que fait une bonne amie?

b. Pour quelles raisons une bonne amie se réjouit pour toi?

c. Quels sont les trois premiers adjectifs qu'elle utilise pour décrire son partenaire idéal?

d. Que doit-il faire tout le temps?

e. Quelles sont les deux principales raisons qu'elle mentionne pour les séparations?

f. Parfois, que peut-il se passer dans le couple?

g. Pourquoi son amie a rompu?

h. Quelles sont les erreurs que les gens font quand ils se marient?

 **THE LANGUAGE GYM**

1. Find the French equivalent: a) pour b) tomber c) même d) pires e) meilleure f) fidélité g) juge h) choix
i) quand j) réjouit k) bonheur l) réussite m) quelqu'un n) assez o) mêmes p) essaie q) soutient r) disputons
s) ensemble t) traite u) triste v) entre w) souvent x) partage y) rompu z) marche

2. Faulty translation: a) who rarely lets you down/who never lets you down
b) quality of a best friend is its kindness and integrity/quality of a best friend is its loyalty and generosity
c) it is someone tall, beautiful, generous, athletic, and quite immature/it is someone tall, beautiful, affectuous,
romantic, and quite mature
d) we sometimes argue and we have some nice times together/we never argue and we have a lot of fun together
e) there is too much love between them and they don't argue enough /there is no more love between them and
they argue too often
f) it's for this reason that it works/it's for this reason that it doesn't work

3. Find the following items: a) tomber b) pour c) parfois d) et e) romantique f) fidélité g) partagent

4. Spot and correct the wrong statements: a) elle est toujours là pour toi b) la qualité la plus importante
c) - d) - e) parce qu'il n'y a plus d'amour entre eux f) - g) à mon avis les gens se marient trop jeunes

5. Categories: <u>adjectives describing appearance</u>: grand ; beau
<u>adjectives describing character:</u> attentionné ; fidélité ; générosité ; affectueux ; romantique ; mature ; triste
<u>adverbs of frequency (time words):</u> jamais ; toujours ; tout le temps ; parfois
<u>hobbies:</u> aller au cinéma ; manger au restaurant
<u>connectives:</u> pour ; et ; parce que ; à cause de

6. Complete with the missing word: a) attentionné b) toi c) bonheur d) idéal e) ensemble f) disputent
g) souvent h) couple i) rompu j) raisons

7. Arrange the information: 2 ; 1 ; 6 ; 9 ; 3 ; 7 ; 5 ; 8 ; 4

8. Answer the following questions: a) someone caring who never lets you down b) loyalty and generosity
c) she rejoices for you d) tall, beautiful, affectuous, romantic and quite mature e) respectively f) cheer her up
g) because there is no more love between them h) no more physical attraction
i) because of age and cultural differences j) yes
k) because they have never tried to live together or they get married for the wrong reasons l) yes

9. Find the French equivalent: a) pour moi b) ne te laisse jamais tomber c) elle est toujours là pour toi
d) dans les pires moments e) la qualité la plus importante f) elle ne te juge pas
g) quand tu as de bonnes nouvelles h) elle se réjouit de ton bonheur i) il a les mêmes goûts que moi
j) quoique je fasse k) nous ne nous disputons jamais l) il me remonte le moral m) je pense que
n) plus d'amour entre eux o) plus d'attirance p) j'ai une amie qui a rompu q) les gens se marient trop jeunes
r) ça ne marche pas

10. Cross out: a) - b) - c) ~~bad~~ d) ~~unfriendly~~ e) - f) ~~old~~ g) - h) -

11. Definition game: a) jeunes b) divorce c) il faudrait d) jamais e) bonheur f) ils se disputent trop
g) générosité h) mature i) fidèle

12. Correct the mistakes: a) qui ne te laisse jamais tomber b) c'est sa fidélité et sa générosité c) quelqu'un
d'affectueux d) il me remonte le moral e) j'ai une amie qui a rompu f) à mon avis les gens se marient g) ça ne
marche pas

13. Answer the questions: a) Elle est toujours là pour toi. b) Elle se réjouit pour ton bonheur et pour ta réussite.
c) Elle utilise: grand, beau et affectueux. d) Il doit lui faire plaisir tout le temps.
e) Elle dit: 'parce qu'il n'y a plus d'amour entre eux et qu'ils se disputent trop souvent'.
f) Il peut ne plus y avoir d'attirance physique.
g) Elle a rompu car il y avait une différence d'âge et une trop grande différence culturelle entre eux.
h) Ils se marient trop jeunes sans avoir essayer de vivre ensemble et pour les mauvaises raisons.

Un jour, je voudrais être comme mon acteur préféré Morgan Freeman. Selon moi, il est le meilleur acteur du monde et il est très branché et charismatique. De plus, il se bat pour la protection de l'environnement et pour la paix dans le monde. Quant à partenaire idéale, elle aurait un physique parfait et elle serait une chanteuse connue qui serait engagée politiquement et qui se batterait pour des causes justes. Tout le monde la respecterait. C'est un peu comme mon meilleur ami. C'est un très bon joueur de pétanque, un héros national! Il est super connu et très riche. Il est sponsorisé par Obut. En plus, il est courageux et très fort. Je m'entends très bien avec lui car il est toujours prêt à m'aider et il s'inquiète pour moi. Je peux vraiment compter sur lui. Une autre personne que j'admire, c'est ma mère car elle fait beaucoup de sacrifices pour sa famille et elle travaille dur pour subvenir à nos besoins. C'est quelqu'un qui a réussi dans la vie. Elle est toujours là pour nous et elle n'a peur de rien. Si un jour je peux devenir aussi fort qu'elle, alors moi aussi j'aurais réussi dans la vie.

1. Find the French equivalent for the following words

a. Day	h. Famous	o. Rich	v. Rely/count
b. Like	i. Commited	p. Become	w. Him
c. Favourite	j. Just	q. Furthermore	x. Hard
d. Best	k. Very	r. Courageous	y. Provide
e. World	l. Player	s. Strong	z. Fear
f. Perfect	m. Good	t. Worries	aa. If
g. Singer	n. Hero	u. Truly	bb. Life

2. Faulty translation. Highlight the 6 translation mistakes and write the correct answer below.

One day I would like to be like my favourite actor Morgan Freeman. According to me, he is the best actor on the planet and he is trendy and charismatic. Moreover, he fights for the protection of animals and for world issues. As far as my ideal partner is concerned she would have a beautiful physique and she would be a rather known singer who would be economically commited and she would fight for just some causes. Everyone would respect her. It's a bit like my best friend. He is a very good football player, a village hero! He is very famous and very rich. He is sponsored by Obut. Moreover, he is brave and very strong. I get on very well with him because he is always ready to help me and he worries about me. I can really count/rely on him. Another person that I admire, it is my mother because she makes no sacrifices for her family and she works hard to provide for her needs. It is someone who has succeeded in life. She is always there for us and she is not afraid of anything. If one day I can become as strong as her, then me too I would have succeeded in life.

a._____   d._____

b._____   e._____

c._____   f._____

3. Find the following items in the text

a. A verb starting with 'B':

b. A job starting with 'C':

c. A time word starting with 'T':

d. A conjunction starting with 'C':

e. An adjective starting with 'P':

f. A job starting with 'A':

g. A verb starting with 'C':

4. Spot and correct the wrong statements

a. Je voudrais être comme mon acteur préféré

b. Elle serait une chanteuse reconnue et engagée

c. Tout le monde me respecterait

d. C'est un très mauvais joueur de pétanque

e. En plus, il est courageux et très fort

f. Une autre personne que je n'admire pas, c'est ma mère

g. Alors moi aussi j'aurais réussi dans la vraie vie

5. Categories [find items in the text and put them in the categories below]

Adjectives describing appearance	Adjectives describing personality	Adverbs of frequency (Time words)	Verbs in the present tense	Connectives (e.g. but, and, the, also, however)

6. Complete with the missing French words

a. Comme mon acteur _____

b. Il est très branché et _____

c. Elle serait une chanteuse _____

d. Elle se batterait pour des causes _____

e. Tout le monde la _____

f. Il est courageux et très _____

g. Il est toujours prêt à m' _____

h. Je peux vraiment compter sur _____

i. Elle fait beaucoup de _____

j. Elle n'a peur de _____

7. Arrange the information below in the same order as it is provided in the French text

_____ qui serait engagée politiquement

__1_ je voudrais être comme mon acteur préféré

_____ alors moi aussi j'aurais réussi dans la vie

_____ elle est toujours là pour nous

_____ ma partenaire idéale quant à elle

_____ il est très branché et charismatique

_____ il est super connu et très riche

_____ tout le monde la respecterait

_____ je peux vraiment compter sur lui

8. Answer the following questions in English

a. A qui voudrait-il ressembler un jour?

b. Comment décrit-il Morgan Freeman?

c. Que fait-il pour la planète?

d. Quel serait le travail de sa partenaire?

e. Physiquement, comment serait-elle?

f. Pour quoi se batterait-elle?

g. Pourquoi son ami est un héros national?

h. Par qui est-il sponsorisé?

i. Pourquoi s'entend-t-il très bien avec lui?

j. Pourquoi admire-t-il sa mère?

k. sa mère a-t-elle peur de quelque chose?

l. Que devrait-il faire pour lui aussi un jour réussir?

THE LANGUAGE GYM

9. Find the French equivalent for the following phrases

a. One day

b. I would like to be like

c. He is the best

d. He fights for

e. World peace

f. My ideal partner

g. Just causes

h. Everybody

i. It's a bit like

j. Very good player

k. He is well renowned

l. He is courageous

m. I get on very well with him

n. Always ready to help me

o. I can really count on him

p. She does a lot of sacrifices

q. She works hard to provide

r. She isn't scared of anything

10. Cross out any word listed below which is not in the French text

a. best

b. planet

c. imperfect

d. weak

e. worries

f. eat

g. everything

h. life

11. Definition game – find in the text a word for each of the definitions below

a. Contraire de 'faible'

b. Travail pratiqué au cinéma

c. 'Elle a' au conditionnel

d. Le contraire de 'mauvais'

e. Le contraire de 'tout'

f. Un synonyme de 'combattre'

g. Un adjective pour décrire quelqu'un d'actif

h. Le contraire de 'facile'

i. Un synonyme de 'abouti'

12. Correct the grammar and spelling mistakes – The following sentences have been copied wrongly from the text. Can you correct them?

a. Selon moi il est la meilleure actrice

b. Il se batte pour la protection de l'environment

c. Un chanteuse connu qui serait engagé

d. C'est un assez bon joueuse de pétanque

e. Elle fais beaucou de sacrifice

f. Elle travail dure pour soubvenir a nos besoin

g. Elle et toujour la pour nous

13. Answer the questions in French. Write full sentences:

a. Qui est son acteur préféré?

b. Comment le décrit-il?

c. Quel métier devrait faire sa partenaire idéale?

d. Quel est le talent de son meilleur ami?

e. Quelles sont ses qualités?

f. Qui est l'autre personne qu'il admire et pourquoi?

g. Que fait-elle pour subvenir à leurs besoins?

h. Comment pourrait-il réussir dans la vie?

1. Find the French equivalent: a) jour b) comme c) préféré d) meilleur e) monde f) parfait g) chanteuse
h) connue i) engagée j) justes k) très l) joueur m) mon n) héros o) riche p) devenir q) en plus r) courageux
s) fort t) s'inquiète u) vraiment v) compter w) lui x) dur y) subvenir z) peur aa) si bb) vie

2. Faulty translation: a) best actor on the planet/best actor in the world
b) the protection of animals and for world issues/the protection of the environment and for world peace
c) she would have a plastic physique and she would be a rather known singer/she would have a perfect physique
and she would be a famous singer
d) would be economically committed and she would fight for just some causes/would be politically committed
and she would fight for just causes
e) he is a very good football player, a village hero!/he is a very good ball player, a national hero
f) she makes no sacrifices for her family and she works hard to provide for her needs /she makes a lot of sacrifices
for her family and she works hard to provide for our needs

3. Find the following items: a) bat b) chanteuse c) toujours d) car e) parfait f) acteur g) compter

4. Spot and correct the wrong statements: a) - b) connue et engagée c) la respecterait d) bon joueur e) -
f) que j'admire g) dans la vie

5. Categories: <u>adjectives describing appearance:</u> parfait
<u>adjectives describing character:</u> branché ; charismatique ; courageux ; fort
<u>adverbs of frequency (time words):</u> un jour ; toujours
<u>verbs in the present tense:</u> il est ; il se bat ; c'est ; je m'entends ; il s'inquiète ; je peux ; j'admire ; elle fait ; elle
travaille ; elle n'a
<u>connectives:</u> comme ; et ; quant à ; de plus ; car ; alors

6. Complete with the missing word: a) préféré b) charismatique c) connue d) justes e) respecterait f) fort
g) aider h) lui i) sacrifices j) rien

7. Arrange the information: 4 ; 1 ; 9 ; 8 ; 3 ; 2 ; 6 ; 5 ; 7

8. Answer the following questions: a) Morgan Freeman b) he is trendy and charismatic
c) he fights for its protection d) singer e) perfect f) for just causes g) because he is a great ball player h) Obut
i) because he is always ready to help him and he worries about him
j) because she does a lot of sacrifices for her family k) she doesn't fear anything l) he should become like her

9. Find the French equivalent: a) un jour b) je voudrais être comme c) il est le meilleur d) il se bat pour
e) la paix dans le monde f) ma partenaire idéale g) causes justes h) tout le monde i) c'est un peu comme
j) très bon joueur k) il est super connu l) il est courageux m) je m'entends très bien avec lui
n) toujours prêt à m'aider o) je peux vraiment compter sur lui p) elle fait beaucoup de sacrifices
q) elle travaille dur pour subvenir r) elle n'a peur de rien

10. Cross out: a) - b) ~~planet~~ c) ~~imperfect~~ d) ~~weak~~ e) - f) ~~eat~~ g) - h) -

11. Definition game: a) fort b) acteur c) elle aurait d) bon e) rien f) battre g) engagée h) dur i) réussi

12. Correct the mistakes: a) selon moi, il est le meilleur acteur b) il se bat pour l'environnement
c) une chanteuse connue qui serait engagée d) c'est un assez bon joueur de pétanque
e) elle fait beaucoup de sacrifices f) elle travaille dur pour subvenir à nos besoins g) elle est toujours là pour nous

13. Answer the questions: a) Son acteur préféré, c'est Morgan Freeman.
b) Il le décrit comme quelqu'un de branché et charismatique.
c) Sa partenaire idéale devrait être chanteuse. d) Son talent c'est d'être un très bon joueur de pétanque.
e) Il est courageux et très fort.
f) L'autre personne qu'il admire est sa mère car elle fait beaucoup de sacrifices pour sa famille.
g) Pour subvenir à leurs besoins, elle travaille dur.
h) Il pourrait réussir dans la vie si il devenait comme elle.

Printed in Great Britain
by Amazon

42987864R00106